METODOLOGIA STARTUP VILLAGE

Copyright© 2018 by Literare Books International
Todos os direitos desta edição são reservados à Literare Books International.

Presidente:
Mauricio Sita

Capa:
Marcelo Rodino Cerqueira

Diagramação e projeto gráfico:
Lucas Chagas

Revisão:
Camila Oliveira

Revisão artística:
Edilson Menezes

Diretora de projetos:
Gleide Santos

Diretora de operações:
Alessandra Ksenhuck

Diretora executiva:
Julyana Rosa

Relacionamento com o cliente:
Claudia Pires

Impressão:
RR Donnelley

Dados Internacionais de Catalogação na Publicação (CIP)
(eDOC BRASIL, Belo Horizonte/MG)

G588m   Godoy, Fernando.
          Metodologia startup village: os 7 pilares para empreender com equilíbrio e alta performance / Fernando Godoy. – São Paulo (SP): Literare Books International, 2018.
          14 x 21 cm

          ISBN 978-85-9455-132-0

          1. Empreendedorismo. 2. Incubadoras de empresas. 3.Inovações tecnológicas. I. Título.
                                                            CDD 658.421

Elaborado por Maurício Amormino Júnior – CRB6/2422

Literare Books International
Rua Antônio Augusto Covello, 472 – Vila Mariana – São Paulo, SP
CEP 01550-060
Fone/fax: (0**11) 2659-0968
site: www.literarebooks.com.br
e-mail: literare@literarebooks.com.br

METODOLOGIA STARTUP VILLAGE

Fernando Godoy

DEDICATÓRIA

A você, minha esposa, Samira Garbozza, que me acompanhou e apoiou nos momentos mais difíceis e me ajudou a dar a volta por cima. Sem você, seria praticamente impossível. Amiga, companheira e esposa, tenho o privilégio de contar com a sua presença. Você foi e é fundamental para que eu continue seguindo nesta vida empreendedora. Você é a soma de todos os pilares da minha vida. Mulher de fibra, amorosa e batalhadora. A você, minha admiração e o meu muito obrigado mais especial de todos. Te amo!

Fernando Godoy

AGRADECIMENTOS

Ao amigo e sócio, Marcelo Rodino, umas das pessoas mais criativas que eu conheço (e olha que eu já rodei bastante nesta área). Obrigado pela amizade, pelo conhecimento, pelas ideias inovadoras, pelas risadas e, principalmente, pelo seu talento que serve de inspiração. A capa da metodologia *Startup Village* é uma arte digna de sua maestria e não é à toa que considero você o verdadeiro Mestre dos Magos!

Ao amigo, Newton Roriz, pela sua amizade, paciência e sabedoria. Uma fonte inesgotável de conhecimento e espiritualidade. Um dos meus principais mestres!

Ao amigo e sócio, Carlos Henrique F. Pamplona, pelo apoio durante esta jornada nada fácil e desafiadora que é empreender. A sua amizade e confiança tornam esta parceria cada vez mais sólida. "São 7h45min. e, por enquanto, tudo está tranquilo." – ele costuma dizer.

METODOLOGIA STARTUP VILLAGE

Aos meus pais. Reinaldo Godoy, por me ensinar que a integridade e a honestidade são as bases de um homem; saudades, pai! E Cida Godoy, solidária, com um coração enorme para ajudar os semelhantes. Através do seu exemplo, tento me tornar uma pessoa melhor, todos os dias. Minha eterna gratidão a vocês dois!

Aos meus filhos, Giovana e João Pedro, que me dão alegria e são a minha fonte de energia para continuar sendo uma pessoa melhor a cada dia. Vocês são o maior presente que um pai pode receber. Continuem firmes no propósito de melhorar o mundo. Por causa de vocês, eu me levanto todos os dias com uma vontade imensa de continuar empreendendo e contribuindo com a nossa sociedade.

Aos meus irmãos, Reinaldo e Alexandre, que são muito mais do que irmãos. Amigos que me acompanham nesta longa jornada, me incentivam e fazem parte da minha formação. Ainda sinto saudades do nosso time, o bom e velho Torino, a melhor expressão de união entre os irmãos Godoy.

Aos amigos, que foram importantes em diversas fases da minha vida e talvez eu nunca tenha agradecido corretamente. Do Colégio Dom Bosco e CLQ, em Piracicaba; da Unesp de Jaboticabal; do Clube de Campo de Piracicaba; todos os colaboradores da Flex Interativa (que ajudaram muito nesta obra); da Zênega Tecnologia e da Cervejaria Leuven. Alguns pela amizade, outros pelas oportunidades oferecidas, mas principalmente por terem acreditado em mim.

O meu muito obrigado a Eduardo Padovani Zanlorenzi, José Carlos Freire da Rocha Jr., Marcelo de Figueiredo Cunali, Marcos Roberto Lopes da Silva, Henrique Sundfeld Barbin, Renato Cesar Seraphim, Paulo Polacow Sabbagh, Rogério Silvano, Luis Filipe Schutz, Eduardo Barreto de Meneses, Rute Melotto Garbozza, Mario Garbozza, Thomaz A. Kearney, Carlos Gabriel de Figueiredo, Afshin Ghotbi, William Newell, João Appolinário, Henry Visconde, Gustavo Chiarinelli Barreira e Carlos Aldan de Araújo. Vocês não têm ideia do quanto me ajudaram e representam para mim o verdadeiro sentido da palavra amizade!

E, finalmente, a todos os professores e mestres que tive e terei em minha vida. Educação é a única forma de mudar este mundo. A vocês, a minha eterna gratidão!

PREFÁCIO

Conheci o Fernando Godoy no Programa *Shark Tank Brasil*, quando ele apresentou uma tecnologia inovadora que, de imediato, chamou a minha atenção.

Desta vez, como autor, ele apresenta bem mais do que uma simples "receita de bolo". Ele conseguiu resumir em sete pontos a complicada teia que sustenta o empreendedorismo de alta *performance*. E aborda cada um desses pilares de um jeito inovador.

Inovar deixou de ser uma palavra associada ao futurismo ou à ficção. Hoje, inovar é sinônimo de sobrevivência pessoal e empresarial. Já não é mais possível escolher entre inovar ou não inovar. Pessoas e empresas que continuarem fazendo as coisas do jeito que sempre fizeram, estão, provavelmente, fadadas ao insucesso.

Quando fundei a POLISHOP, estava convencido da importância de fazer diferente, de realmente oferecer uma nova experiência na forma de apresentar opções para o consumidor interagir conosco.

METODOLOGIA STARTUP VILLAGE

Explicar um produto, demonstrá-lo, apresentar os benefícios para o consumidor e permitir que o próprio o experimente são técnicas "avançadas" que o varejo está começando a descobrir agora. Nós fazemos isso desde 1999.

A POLISHOP é um exemplo vivo da metodologia que o autor propõe nesta obra. Fomos adquirindo o domínio de cada um destes sete pilares, ao longo do tempo.

Recomendo ao leitor aproveitar esta oportunidade em que o Fernando Godoy, um empreendedor experiente, oferece uma solução pronta e organizada passo a passo. Uma solução que vai facilitar a sua vida como empreendedor.

João Appolinário
Presidente e Fundador da POLISHOP

SUMÁRIO

APRESENTAÇÃO...............15

CAPÍTULO 1....................29
BLINDAGEM EMOCIONAL

CAPÍTULO 2....................47
EQUILÍBRIO CORPORAL

CAPÍTULO 3....................69
RODA DO DESENVOLVIMENTO

CAPÍTULO 4....................93
EDUCAÇÃO FINANCEIRA

CAPÍTULO 5....................107
FONTES DE CONHECIMENTO E NETWORKING

CAPÍTULO 6....................131
TRABALHO EM EQUIPE

CAPÍTULO 7....................153
LIDERANÇA DISRUPTIVA

APRESENTAÇÃO

Empreender é o que realmente faz o mundo girar numa cíclica cadeia de eventos, que garante o avanço da incansável inovação rumo aos novos tempos. É uma ideia que depende de disciplina e coragem, que leva a uma iniciativa, que estrutura um negócio, que gera empregos, que colabora com o futuro de uma região, que beneficia uma comunidade, que produz riquezas para o empreendedor, que reinveste em outra ideia. Em cada empreendedor existe a realização de um sonho, se ele quiser. Ou de muitos, desde que aceite essa perspectiva de ciclo.

Vamos refletir por meio de uma metáfora: os acontecimentos em nossas vidas são como sucessivas tentativas de subir ao topo de uma montanha. À frente, inúmeros cumes, com as mais variadas alturas. Cada montanha é diferente, não só em altura, mas pelas trilhas de acesso. No início, procuramos alturas menores para ganhar experiência. E, quando atingimos o primeiro topo, nos sentimos realizados.

METODOLOGIA STARTUP VILLAGE

Alguns param por aí e se contentam com a altura alcançada. Traduzindo o evento para a vida real, é como conseguir o primeiro emprego e dar-se por satisfeito. Outros, gostam do que veem num primeiro momento. A trilha tem lá seus desafios proporcionais à preparação, mas que depois de certo tempo, entram numa rotina que começa a gerar algum incômodo. Talvez a falta de novos desafios faz com que tenham, pela primeira vez, um olhar mais aberto de onde estão. E quando giram um pouco a cabeça, veem, ao lado, outra montanha um pouco maior.

Há quem consiga visualizar centenas delas, alturas e trilhas variadas, totalmente diferentes. Decisão tomada, começa a descida, o que podemos chamar de planejamento, pois ainda estamos na montanha atual (emprego) e iniciamos um processo de definir novos objetivos (transição). Enquanto descemos, é possível ver mais de uma montanha e entender qual delas seria mais adequada para aquele momento (planejamento).

Note que nem sempre iremos atingir o topo (sucesso eventual). Podemos encontrar dificuldades e até mesmo desistir no meio do caminho (readaptação).

Este é o ponto exato onde quero aportar e abordar o método. Toda a trilha terá uma série de dificuldades, cabe a você encontrar a melhor maneira de superá-las (obstáculos). Não há mal algum em desistir de continuar a subida (WO nos negócios, às vezes, é um ótimo caminho).

Talvez, em algum momento, possa ter errado na escolha da montanha ou não tenha se preparado corretamente (falta de treino). A questão é que, nem sempre, terá a certeza absoluta de que escolheu a montanha correta para subir (decisão, elemento crucial do exercício de empreender). O importante é ter em mente que, além de ser capaz de superar qualquer obstáculo, é preciso carregar dentro de si o entendimento de que a vida não é feita de uma, mas de milhares de montanhas (oportunidades).

Não importa qual velocidade se imprime e sim a vontade de se lançar aos novos desafios (coragem). Imagine se o único sonho de um alpinista fosse subir um determinado pico (limitação). Após atingi-lo, o que ele faria? Aposentadoria? Passaria o resto da vida se vangloriando por ter atingido um só objetivo? (conformismo).

METODOLOGIA STARTUP VILLAGE

Não, nós somos muito mais do que isso. A nossa missão de vida é conquistar inúmeros picos, um após o outro, sem deixar que o cansaço e os obstáculos atrapalhem. Eu gosto muito de chegar ao topo de uma montanha, independentemente da altura. Aprecio olhar ao redor e descobrir que existem várias outras a serem exploradas e desafiadas. Do mesmo jeito, conquistar expressivos resultados não deve travar quem empreende, a ponto de não enxergar as demais oportunidades ou parar por ali, supondo que "já está bom" (expressão que não combina com o empreendedorismo e muito menos com a inovação).

O que deve nos mover é a busca pelo desconhecido (novos aprendizados e experiências) e, principalmente, a vontade de atingir o maior número de objetivos.

Com todo respeito ao objetivo de cada um, me assusto ao escutar pessoas que têm como sonho se aposentar o mais breve possível. Para mim, é muito claro que estamos aqui com o propósito de evoluir aspectos morais, sociais e profissionais. Primeiro, cuidamos de nós. É preciso estar bem consigo para ajudar o próximo. E, uma vez bem cuidados, ajudamos o próximo e a sociedade. Dessa forma, a expressão aposentadoria não faz sentido algum. Passa a ser sinônimo de desistir.

Resumindo, não importa se você vai fazer a sua trilha sozinho, com um companheiro(a) ou em grupo. Planeje, se prepare e acredite que somente você é capaz de decidir quão alto pretende ir. Entenda que cada trilha percorrida é uma experiência que vai se acumulando. Cada obstáculo, um aprendizado, e isso ninguém tira de você.

Tudo bem se não chegar até o topo da montanha, nem sempre vamos conseguir. Desde pequenos, temos medo de errar e de receber um grande X vermelho, como aqueles que as professoras nos presenteavam, ao corrigirem nossas provas. No Brasil, temos a cultura de que errar gera medo. Em outras culturas, principalmente na norte-americana, errar faz parte do aprendizado e, aos olhos deles, pior do que errar, é não tentar. Convenhamos que faz sentido, visto que, muitas vezes, nem tomamos conhecimento de quanto

METODOLOGIA STARTUP VILLAGE

aprendemos durante a trilha, de modo que chegar ao topo poderia ser um mero detalhe, uma simples etapa, um fim e nada mais.

Tão importante e compensador quanto chegar ao topo da montanha é olhar ao redor e observar que aquela foi mais uma conquista, dentro das inúmeras que você já obteve. Essa constatação será o combustível para as novas que estão por vir.

Partindo da metáfora para a vida real, nos aspectos da vida pessoal e na complexidade da profissão, buscamos o sucesso todos os dias. E, por que o sucesso seria importante?

Sucesso é sinônimo de felicidade, outra busca constante em nossas vidas. Porém, devemos aprender que, durante a jornada é permitido errar, fracassar, sentir medo, mas o ideal é nunca entrar em desespero ou se torturar, a ponto de desistir.

Muitos enxergam o sucesso como o ponto final da vida e não compreendem que a verdadeira felicidade não está no passado, nem no futuro. O dia a dia é que deve revelar os melhores e mais exitosos momentos. No lugar de descobrir isso, já no fim da vida, não seria interessante que, a partir de agora, esse fosse o norte empreendedor?

O sucesso começa na forma de um desejo que dá esperança e desenvolve a nossa coragem, nos força a fazer planos e estimula a mente a entrar em ação para atingir os objetivos. No meio do caminho, despertamos fatores emocionais que podem ajudar ou atrapalhar a jornada.

E, qual seria a definição de sucesso para você? Formar-se, ganhar rios de dinheiro, construir uma carreira sólida, ter os filhos formados, conquistar uma saúde de ferro, viajar pelo mundo, construir uma *startup* vencedora? Cada ser tem a própria definição, o que nos leva à outra reflexão. Por que muitas pessoas não atingem o sucesso?

Já ouvi variados pretextos de quem não consegue conquistá-lo. Infância difícil, formação escolar de pouca qualidade, limitação financeira, azar, problemas familiares e por aí vai. A pessoa que não se prepara adequadamente, não define metas e não foca na obtenção dos objetivos, corre sério risco de assumir uma vida repleta de insucessos e frustrações.

METODOLOGIA STARTUP VILLAGE

O objetivo da obra é apresentar um método baseado em pilares estratégicos que auxiliam na preparação do sucesso, para que você possa encarar, de forma mais amena, todas as adversidades que surgirão. E, como surgirão, desde situações traumáticas até pessoas indesejáveis, como uma constante nesta jornada.

Eu também enfrentei muitos percalços. E cada pilar ajudou a me recompor, inúmeras vezes, até que todos os pilares fossem integrados, naturalmente, ao meu dia a dia. Com a metodologia, consegui dar a volta por cima e, mesmo partindo do zero, mais uma vez, e com pouquíssimos recursos, pude desenvolver vários negócios simultaneamente.

Fundei duas empresas de tecnologia, uma cervejaria artesanal, coordenei uma ONG inglesa no Brasil, organizei eventos mensais de inovação, fiz mentorias e investi em *startups*, realizei palestras e treinamentos, dei aulas, produzi vídeos, *podcasts* e artigos, participei de concursos mundiais de empreendedorismo e até mesmo da segunda temporada do programa *Shark Tank Brasil* (e consegui 4 das 5 ofertas dos investidores disponíveis).

Mesmo com tantas atividades simultâneas, antes que você imagine que eu não tenho vida pessoal, informo que frequento a academia, jogo futebol com frequência, assisto a vários seriados e viajo com a família, em média, quatro vezes por ano.

Sou empreendedor há 20 anos. Desde que me formei, iniciei vários negócios e projetos. A experiência me permitiu conferir, com plena consciência, que o sucesso pessoal e profissional relacionam-se com as mesmas estratégias usadas para iniciar uma *startup*: inovação.

Quando empreendemos, procuramos melhorar uma ideia já existente, revolucionar um mercado, encontrar novos mercados para um mesmo produto ou serviço e provocar ruptura num padrão existente. Partindo dessa premissa e transcendendo ao universo corporativo, é produtivo trazer o conceito de inovação para a vida.

A partir de agora, vamos fazer melhor tudo o que precisamos e merecemos fazer, incorporar uma série de atitudes e hábitos que aumentarão a nossa *performance* em todos os sentidos, ao melhor estilo: saindo do zero para construir, administrar e evoluir.

METODOLOGIA STARTUP VILLAGE

Vamos empreender de verdade, pois, às vezes, empreendemos muito mais por necessidade do que por oportunidade. No primeiro caso, não há inovação, somente uma ligeira adaptação a algo que já existe. No segundo, reside o que interessa; enxergar uma oportunidade, primeiramente dentro de você, para quebrar paradigmas e querer inovar a ponto de começar a sentir uma nova *performance* em todos os campos que permeiam a vida e o trabalho.

Além da necessidade de inovar, as atitudes de analisar, pensar, reconhecer os pontos fortes e fracos, planejar, executar, reagir e colher os resultados devem estar presentes em todos os aspectos da vida.

Entender o meio em que vivemos e o comportamento do público-alvo do nosso negócio é uma matéria da cartilha básica do empreendedorismo, seguida de outras duas, igualmente especiais, de modo que liderar essas duas garante os critérios relevantes para uma *startup*, um negócio de sucesso:

1) Ter o autoconhecimento como aliado contra a cultura do medo e do fracasso, ainda que seja necessário desconstruir tudo o que supostamente sabe;

2) Definir os objetivos para a vida que pretende ter e o alicerce dos negócios que deseja criar.

O segundo nome do método *Village* remete ao coletivo que vivemos e à suma importância que têm as pessoas ao redor (tanto as do bem, quanto as do mal), visto que nem sempre a vida nos permite escolher com quem vamos lidar. Ambos os perfis ensinam os empreendedores a trabalhar de forma colaborativa, consistente e produtiva.

Resumindo, se vivermos diariamente o conceito de uma "vila inovadora" e buscarmos melhoria contínua em todos os aspectos, num convívio harmônico com os que estão ao redor, encontraremos a trilha certa para o sucesso, aproveitando cada momento da jornada, em vez de passar a maior parte do tempo sofrendo ou esperando por algo que, no fim, sequer planejamos.

Não importa muito a etapa. Se você pretende iniciar o próprio negócio, se ele está patinando, quase decolando; se deseja simplesmente continuar ou mudar de emprego. Em qualquer dos casos, pare de fazer as coisas por necessidade e passe a fazer por oportunidade. É assim que pensam os empreendedores...

METODOLOGIA STARTUP VILLAGE

O livro não propõe nenhuma fórmula mágica para fazer de você um milionário, pois seria uma proposta irresponsável e charlatã, já que tudo depende do esforço, da transformação de cada ser. A obra, no entanto, foi construída para ajudar você a preparar o corpo e a mente e, assim, aproveitar melhor as tantas oportunidades que passam diante dos olhos (muitas vezes nem as enxergamos).

Quero mostrar que é possível atingir o sucesso, seja lá qual for a sua definição para o tema. Da mesma maneira, reconheço que todo desejo de conquistar a felicidade plena é legítimo (ao menos na maior parte do tempo).

O conteúdo tem como missão ser o primeiro impulso a despertar dentro de você a ambição que está aí, guardada em algum lugar, para que a persiga até o final. Ficarei feliz se a obra cumprir o propósito de criação e ajudar você a definir o objetivo principal. Quero mesmo é que o conteúdo o transporte da zona de conforto à zona do desenvolvimento, sem passar pela zona do desespero.

E, depois que despertá-lo, o método vai auxiliá-lo na busca, manutenção, estimulação e atualização dos objetivos de vida. Afinal, ao atingir o cume de uma montanha, outras surgirão, mais íngremes, belas e desafiadoras.

Serão sete pilares:

1) Blindagem emocional;
2) Equilíbrio corporal;
3) Roda do desenvolvimento;
4) Educação financeira;
5) Fontes de conhecimento e *networking*;
6) Trabalho em equipe;
7) Liderança disruptiva.

Ao longo da obra, vamos esmiuçar todos os detalhes que envolvem cada pilar. E, como estamos falando de inovação, o livro traz um conteúdo exclusivo em realidade aumentada. Para acessá-lo, basta baixar o *app Startup Village RA*, na Apple Store ou no Google Play.

Sempre que você vir o símbolo "RA" junto a uma ilustração, é só iniciar o *app*, apontar o seu *smartphone* ou *tablet* para a imagem e o conteúdo estará ao seu alcance, sem necessidade de cadastramento ou qualquer burocracia. O meu objetivo é manter este conteúdo sempre atualizado e, para isso, abordarei novos *cases* e experiências, convidarei especialistas para que contribuam com a obra e com você. Portanto, o livro diante de seus olhos, assim como a inovação, não tem fim.

CAPÍTULO 1

BLINDAGEM EMOCIONAL:
O INÍCIO DO SUCESSO EMPREENDEDOR

Fernando Godoy

A metodologia *Startup Village* foi criada para ajudar os empreendedores, colaboradores, mulheres executivas e as donas de casa. Ou seja, para qualquer pessoa que deseje trabalhar com foco no avanço e no aumento da própria *performance*.

O termo *startup* foi escolhido para simbolizar a incansável evolução, enquanto Village traduz a ideia de comunidade. Afinal, toda ideia depende, em primeiro plano, dos idealizadores, mas eles não fazem nada sozinhos. Vivemos tempos de partilha digital-mundial do conhecimento, e a palavra que exprime esse sentimento está na ponta da língua dos cidadãos de todos os continentes: compartilhamento.

METODOLOGIA STARTUP VILLAGE

A proposta visa gerar mente equilibrada, corpo saudável, resultados muito acima da média e felicidade. É audacioso, eu sei, mas é possível. Estou oferecendo uma solução testada, praticada e aprovada.

Não são poucos que assumem uma vida marcada pela infelicidade, com picos pontuais e eufóricos de felicidade. Eu mesmo já entrei nessa onda. Hoje, vivo o contrário disso e quero compartilhar.

Pensando na quantidade de detalhes que permeia a vida dos empreendedores, é razoável que, por enquanto, já que ainda estamos aquecendo, você aceite, no mínimo, o fato de que carecemos da alta *performance*.

Quem fica na média concorre com mais pessoas, enquanto aqueles que desenvolvem a alta *performance* atingem melhores posições e maiores oportunidades. Os sete pilares que apresentarei fazem jus àquilo que vivenciei, aos erros que cataloguei na própria caminhada e aos acertos que celebrei, ao lado de equipes com propósitos definidos, lideradas à luz do alcance desses objetivos.

As atitudes que me conduziam até a alta *performance* e os erros que me impediam foram cruciais para criar os pilares que vou oferecer, para que você também possa observar, reparar os erros e aumentar os acertos.

De início, vou quebrar um mito. O tema "alta *performance*" sugere a muitos uma necessidade profissional, corporativa, ligada ao exercício de solidificar a carreira. Ledo engano, estamos falando de uma necessidade que parte do simples ato mecânico de respirar até a necessidade de cuidar de si, em detalhes.

Mais do que criar a metodologia, eu a testei em mim. Fui o laboratório vivo de uma solução que mudou a minha vida e há de mudar a sua. Cada vez mais, observei os detalhes que envolvem fracasso e sucesso. E, sem custo algum, fui reparando que a *performance* poderia melhorar, desde que observados os pilares da vida pessoal e empreendedora.

O pilar número 1 é a blindagem. Não existe armadura mais intransponível para nos proteger do que meditar. Sim, os asiáticos sempre estiveram corretos. O segredo milenar é mesmo muito assertivo. E, pode parecer incrível, mas 90% dos brasileiros jamais meditaram. Alguns especialistas sugerem que a nossa latinidade carrega certo ceticismo em relação ao que é lúdico e invisível aos olhos. Veja um exemplo:

METODOLOGIA STARTUP VILLAGE

Interior de São Paulo. Cheguei cedo para ministrar a palestra. Ao entrar no salão, estava pronto e leve para o que viria, pois já havia meditado e, além disso, o ar puro encheu os meus pulmões de garra. Comecei a apresentação, expliquei os conceitos e apresentei o primeiro pilar.

Dentre a audiência de aproximadamente cem pessoas, apenas três afirmaram que costumavam meditar. Pouco tempo depois, em um treinamento completo sobre a metodologia, dessa vez, na paulistana selva de pedras e com a mesma quantidade de participantes, novamente, três dentre cem confirmaram que meditavam com frequência.

Os números mostram como o tabu de meditar ainda é presente, mesmo com o avanço tecnológico, que trouxe informações do mundo inteiro sobre os benefícios dessa blindagem natural que dispensa, inclusive, a necessidade de investir.

Espere aí. Então, autor, você está sugerindo que a meditação, um dos mais ricos formatos de blindagem e equilíbrio, além de totalmente gratuita, é ignorada pelo seu povo? – me perguntaria, eventualmente, um asiático adepto da prática.

E eu, de certo modo, constrangido por não saber explicar uma causa plausível, teria que dizer:

— Sim, é exatamente isso. A meditação é gratuita, benéfica, protetora e equilibradora, mas o meu povo não a pratica!

Esse treinamento de dois dias envolve vários temas e como conheço os meus semelhantes, sempre procuro abrir com a meditação. Eu sei que os temas abordados, como vendas, *marketing*, empreendedorismo, tecnologia e investimentos serão eternamente apreciados. Ciente disso, abro o evento alfinetando o público, convidando-o a meditar.

Dentre as três pessoas (de cem) que passaram a meditar, uma delas veio me dizer:

— Fernando, venho praticando as etapas da metodologia, mas a meditação, em particular, tem mudado a minha vida e a vida de minha esposa.

Não foi a primeira. Outras relataram algo idêntico ou semelhante. Porém, vou dar a você uma informação que é, no mínimo, intrigante. Se você entrevistar cem pessoas e perguntar quantas praticam meditação, o número será baixo, como esse que mencionei.

Mas, se perguntar o que acham da arte de meditar, a maioria dirá que "sabe" que é algo importante e benéfico. Isso nos leva a refletir:

Se a pessoa tem consciência de que meditar é um exercício saudável, protetor, equilibrador e, quiçá, até transformador e salvador, por que não pratica?

A resposta é bem simples. Muitos sabem que álcool em excesso é letal, que o cigarro mata, que o sedentarismo é uma bomba relógio e que a negligência em relação à medicina preventiva pode ser uma espécie de suicídio gradativo. Ainda assim, fumam, bebem em excesso, não se exercitam e só visitam o médico quando "a coisa tá pegando".

Num cenário como esse, que abarca todas as classes sociais, é bem compreensível que exista uma quase generalizada distância da meditação. Lá no abismo da inconsciência, talvez uma voz diga: "Se eu tivesse tempo de sobra, em vez de meditar, faria algo mais importante, como cuidar da saúde!".

Sem que perceba, o assunto é adiado, ignorado ou dispensado. Mas, por que seria tão importante meditar, blindar-se, equilibrar-se?

— O que eu ganho com isso? – perguntaria o empreendedor mais prático.

A resposta pode até doer, porém eu devo oferecê-la. Deixar de dizer a verdade doeria muito mais em mim:

Antes de empreender, a despeito de quão boa seja a ideia, a genialidade, o desenvolvimento oferecido ao mercado, o produto, o protótipo, vale refletir que se o idealizador não estiver bem consigo, vai naufragar.

Não, não, não. Acaso passou por sua cabeça que este é um livro destinado a empreendedores, mas com uma abordagem espiritualizada?

A tripla negativa responde esta questão. Embora pareçam questões meramente subjetivas, são bem mais práticas do que a nossa vã filosofia possa imaginar.

Como o idealizador que reclama, que é pessimista, negativo, que não se alimenta bem, não se exercita, não dorme bem, não sabe trabalhar em equipe, nem entender as pessoas e tampouco liderar um time poderia se encaixar a um exitoso projeto?

Usando uma analogia do futebol, conheci pessoas com excelentes ideias. No entanto, do mesmo jeito

METODOLOGIA STARTUP VILLAGE

que um técnico desanimado não consegue fazer todos os atletas alcançarem a melhor atuação, esses idealizadores também encontraram instabilidade em suas ideias. O motivo é bem claro: por meio da dor, descobriram o que separa uma ideia executável de um devaneio inexequível: não estar bem consigo.

Então, vamos proteger a estabilidade de suas ideias, para que a sua *startup* encontre os melhores resultados. Ofereço mais detalhes que envolvem os pilares da metodologia *Startup Village*. Juntos, ajudarão a conduzir o seu negócio a qualquer parte do mundo:

1) Blindagem emocional: é o pilar que você está conhecendo neste capítulo. Envolve meditação, leitura incessante de histórias inspiradoras, imersão em autoconhecimento, *hobbies* culturais, além de tudo o que for conectado ao pensamento prazeroso e positivo;

2) Equilíbrio corporal: alimentação, saúde preventiva e corretiva, prática contínua de exercícios e bem-estar físico;

3) Roda do desenvolvimento: características simples e típicas, como foco, produtividade, entusiasmo, persistência, trabalho duro e resiliência;

4) Educação financeira: o equilíbrio que permitirá a realização de sonhos, a manutenção do dia a dia e o futuro auspicioso;

5) Fontes de conhecimento e *networking*: com quem e como você se relaciona faz toda a diferença. Aquele papo de que somos a média das cinco pessoas com quem convivemos não é clichê, é fato. No mais, se o *player* é a pessoa mais inteligente na sala de reuniões, decerto está no lugar errado, alimentando o ego;

6) Trabalho em equipe: a arte de lidar com as pessoas do convívio pessoal e profissional, de modo a obter resultados melhores em menor tempo;

7) Liderança disruptiva: a capacidade de educar profissionais em busca de uma visão mais plural, abrangente, dissociada daquilo que é padronizado e quadrado.

As características desse líder são:
Criador do futuro;
Ousado e arrojado;
Defensor de um propósito transformador massivo;
Tomador de riscos;
Conhecedor da lei de Moore, plataformas e novas tecnologias;

METODOLOGIA STARTUP VILLAGE

Elaborador de grandes perguntas;
Conector de pessoas, ideias e processos;
Preocupado diariamente com as questões que envolvem visão, integridade humildade, poder de decisão, disciplina, passionalidade, lealdade, boa audição, influência, ambição e carisma.

E, como estamos abordando o pilar da blindagem emocional, é relevante pensar que a liderança traz consigo o mito de que a pessoa precisa, antes de mais nada ou de qualquer passo, aprender a liderar, o que resulta em outro erro de estratégia. A "coisa toda" deve ser gradativa e palatável ao cérebro. Ao mero sinal neurológico de que uma nova tarefa é imposta, a tendência natural do ser humano é resistir, com a suposta ideia de que assim estaria se preservando.

A você, que tem uma grande ideia, reflita que a questão do investidor contemporâneo é bem mais abrangente e complexa do que antes dos eventos tecnológicos que conectaram o Brasil ao mundo. Os tempos que precederam a *Internet*, por limitação de informações, impediram o investidor de conhecer frentes alternativas de investimento. O século XXI, entretanto, abre o mais amplo leque de idealizadores e respectivos feitos.

Logo, antes de colocar o dinheiro em seu projeto, o mercado vai avaliar, sob o ponto de vista mundial, o que existe de semelhante. Eu, por exemplo, acabo investindo em *startups*, numa visão mais *smart money*, conectada a aportar. O que, de fato, pesa para colocar dinheiro em um projeto é experiência, gestão, *coaching*, metodologia e todo o pacote de soluções que envolve a ideia, o negócio.

Pensemos que o fundo é como o banco. Quem coloca dinheiro vai fazer exigências, mas não vai oferecer atenção, *know-how*, *networking* e tudo o que o idealizador necessite. Logo, o livro que está em suas mãos não se destina ao gestor de fundos, exceto no caso desse gestor estar disposto a abranger suas contemplações. Diferentemente disso, foi preparado para quem deseja crescer com método e sustentabilidade, inovar com estratégia e prudência, fazer uma ideia evoluir, um negócio prosperar, uma mercadológica fronteira se romper ou um patrimônio manter-se saudável.

A nossa latinidade nos credita muita emoção. Enquanto outros povos adotam decisões mais pragmáticas, tendemos a colocar a emoção na frente de

METODOLOGIA STARTUP VILLAGE

decisões estratégicas, mesmo quando o assunto envolve empreendedorismo, investimento, carreira e negócios. A pessoa que vendeu muito bem a sua empresa, por exemplo, colocou milhões no bolso e passou a ser investidora. Será que ela não precisa mais se preocupar e está tudo resolvido?

Não necessariamente. Dois ou três negócios investidos, frutos de uma avaliação equivocada, podem ser suficientes para conduzir essa pessoa à bancarrota, por "n" motivos.

No exterior, é comum que os jovens acumulem um patrimônio milionário, advindo de uma grande ideia ou uma *startup* que nasceu e foi muito bem vendida. Igualmente comum é ver esses jovens partirem para uma segunda bateria de investimentos, crentes de que fizeram um colchão enorme e que serão o próximo Bill Gates.

Vou investir 100 milhões nisso e 100 naquilo – pensa o jovem que conseguiu um bilhão, sem levar em conta os sete pilares que mencionei. A chance de ele quebrar, em breve, por lidar com um mercado que supõe conhecer, é grande. Enquanto isso, no Brasil, isso acontece com frequência entre herdeiros que não foram preparados, que precisam lidar com somas aquém de seu conhecimento.

Em resumo, para o jovem ou o experiente investidor, seja no Brasil ou no exterior, é fundamental pensar nos pilares da metodologia *Startup Village*, sem os quais seremos *kamikazes* em um mercado que não aceita erros, pois o dinheiro não aceita desaforo, tampouco a instabilidade de mercado.

Eu não tenho o menor constrangimento em admitir que, a todo instante, preciso desaprender e aprender tudo de novo. Esse é o jogo bem jogado dos investimentos, a lida bem exercida com os empreendimentos.

Enquanto, no passado, quem detinha mais conhecimento se mostrava um *player* imbatível, o presente nos mostra que os *players* antenados com o futuro se propõem a desconstruir tudo o que sabem, em nome de um reaprendizado determinante para o negócio, a ideia ou a empresa que defende.

Para blindar-se das pessoas negativas e que só reclamam o tempo todo, e também para que as notícias negativas (catástrofes) não impactem o seu dia a dia, é importante dar o primeiro passo.

METODOLOGIA STARTUP VILLAGE

Comece a meditar. Inicialmente, dez minutos diários é tempo suficiente para você iniciar a nova jornada. Com o tempo, você pode ir aumentando o período e a frequência.

Sugiro se conectar à *Internet*, digitar a palavra "meditação" no YouTube e testar algumas técnicas, até encontrar a favorita. Outra das inúmeras opções é baixar um *app*.

É altamente recomendado você fazer, inicialmente, uma meditação guiada, ou seja, escutar alguém que dê as instruções. De imediato, é comum o seu pensamento divagar durante a meditação, mas ele acaba retornando, desde que você volte a prestar atenção na respiração.

Você também pode acabar adormecendo nas primeiras experiências, o que é bem normal. Mas garanto que, com o tempo, por mais cansado que esteja, será possível meditar por 60 minutos, sem tirar nenhum cochilo e escutar tudo atentamente. Reforço mais uma vez: a meditação mudou a minha vida empreendedora e espero que mude a sua.

Outros aspectos que contribuem para a blindagem é a leitura diária de biografias de pessoas que deram a volta por cima, já que o nosso cérebro lida muito bem com o aprendizado por meio da exemplificação.

Ao mesmo tempo, pratique a generosidade, tenha o pensamento positivo e o diário bom humor, um verdadeiro *plus* para a blindagem.

A meditação nos torna, ao mesmo tempo, pessoas mais atentas e relaxadas, aumenta o equilíbrio emocional e combate o estresse. E como benefício extra, é um dos principais elementos para reduzir as crenças limitantes à estaca zero.

Para manter a frequência inicial, até se tornar um hábito, você pode fazer sozinho, convidar um companheiro(a) ou até mesmo fazer em grupo. Mas atenção: não tente meditar por um longo tempo, logo na primeira vez. Medite ao menos uma vez por dia e, se conseguir mais de uma, só terá a ganhar. Contudo, não faça nada forçado, não coloque metas e faça até menos do que gostaria como "o ideal". Mas faça.

Os seus negócios, o seu estado de espírito e até mesmo a sua família perceberão a diferença. Com esse pilar preparado e firme, sua mente está emocionalmente pronta para abrir-se aos lógicos detalhes do universo empreendedor...

CAPÍTULO 2

EQUILÍBRIO CORPORAL:
O CASE BARCELONA

Neste capítulo, vou oferecer uma combinação entre o equilíbrio corporal e os atletas que estão entre os mais exitosos do mundo, aqueles que compõem o time do Barcelona.

Pergunte a qualquer atleta vencedor sobre a importância da trilogia atividade física, alimentação saudável e sono tranquilo. Todos responderão que colocam muito empenho para cumprir os três requisitos.

Nosso corpo é uma máquina e depende diretamente do combustível abastecido. Manter-se sedentário ou ser atleta de final de semana não vai levar você a atingir a alta *performance*. Melhorar ou incorporar a atividade física diária faz parte do processo de inovação simples.

METODOLOGIA STARTUP VILLAGE

Se não faz nada, comece a caminhar. Se já caminha, passe a trotar. Se já trota, comece a correr. E se já corre, aumente a distância percorrida ou tente reduzir o tempo da semana anterior. Acho que deu para entender a lógica, certo?

É óbvio que cada um possui limites próprios e não custa dizer que você deve passar, antes de tudo, por uma avaliação física. O conceito se aplica também à alimentação. Se toma refrigerante todos os dias, deixe, primeiramente, para os finais de semana e, depois, exclua permanentemente. O mesmo serve para açúcares e frituras. Se você, realmente, entendesse como o açúcar drena a sua energia, pensaria duas vezes antes de comer um ou vários doces. O prazer é instantâneo, mas a conta chega rapidamente, sob diversas formas que compreendem desde a saúde física comprometida ao aspecto emocional, que também sente a carga.

Comece reduzindo o consumo de doces, frituras, refrigerantes e produtos industrializados. Note que não estou pedindo para você radicalizar, mas o raciocínio de inovação simples se aplica para a atividade física e a alimentação saudável.

Eventualmente, tenho meus abusos, mas a consciência de voltar com rapidez ao objetivo deve ser mais forte do que o desejo sedentário. Comemoro as vitórias com vinho ou cerveja, mas não diariamente e, em seguida, volto a me alimentar de maneira regrada.

Outro lembrete importante: ainda tem gente que não bebe pelo menos dois litros de água por dia. Sugiro levar consigo uma garrafa de 500 ml e enchê-la, ao menos, quatro vezes por dia.

Uma coisa é certa: se você começar a meditar, praticar atividades físicas e ter uma alimentação mais saudável, o sono será mais tranquilo. É aqui que reside um dos elementos mais importantes da metodologia. Muitos ainda subestimam a importância de uma noite bem dormida, com oito horas ininterruptas de sono.

Há quem se vanglorie e diga que precisa dormir somente de quatro a cinco horas. Ledo engano. Segundo especialistas, dormir pouco e mal gera obesidade e aumenta o risco de diversas doenças, como hipertensão, infarto, diabetes e derrame cerebral. As oito horas de sono são necessárias para você se recuperar. Além de favorecer o desempenho físico e mental, melhora a memória e até previne a depressão. Agora, responda com franqueza:

METODOLOGIA STARTUP VILLAGE

Dois empreendedores precisam tomar a decisão das decisões, aquela que pode fazer o negócio dar uma guinada. Em geral, essas oportunidades são raras e não costumam se repetir. Um deles dormiu, nos últimos 30 dias, oito horas por noite e, o outro, no máximo quatro. Qual deles você acha que vai adotar a decisão correta?

Sim, a sua resposta está correta. Perceba, então, que "a coisa" é séria, vai além dos cuidados com a saúde e alcança o mundo dos negócios.

Os dois primeiros pilares, blindagem emocional e equilíbrio corporal preparam o corpo e a mente. Por isso, considero os alicerces da metodologia *Startup Village*.

Lembre-se: pensamentos geram comportamentos, que se tornam hábitos, e que geram resultados. O preço de ignorar os pilares da vida empreendedora não é baixo.

E não tema. Não vou insistir, durante cada página, que você medite e cuide do corpo. Aos grandes empreendedores, poucas palavras bastam. Agora que já mostrei a importância desses dois pilares, vamos começar a ver como fazem toda a diferença...

Sou um cara arrojado, sonhador. Já firmei decisões que me fizeram quebrar a cara e perder muito dinheiro. Decepcionei-me com escolhas que julgava assertivas e pessoas que considerava confiáveis, até descobrir que estava errado com ambas.

Com o desejo de ajudar amigos ou gerar uma oportunidade, já fiz recrutamento e seleção de amigos próximos, supondo que absorveriam bem as funções – afinal, eram de confiança – pensava eu. Até perceber que essa decisão fazia de mim um altruísta amador, um gestor amparado pela característica emocional.

Assim dito, espero que entenda: a metodologia não me faz melhor do que você, mais preparado, sábio ou baluarte das coisas certas. Ao contrário, sou um ser humano como qualquer outro. Considero-me uma pessoa disposta a aprender com os erros, me blindar para evitar a reincidência e me preparar para começar tudo do início (questão característica e indissociável dos novos tempos, em que nada é definitivo como foi um dia).

No atendimento a *startups*, vejo de tudo. Executivos com décadas de carreira, que trazem experiência em excesso e pouca flexibilidade. Jovens

METODOLOGIA STARTUP VILLAGE

idealizadores, que jamais sentiram o peso de uma cadeira executiva ou a pressão da caneta que assina contratos milionários, mas garantem que "sabem tudo" a respeito do mundo dos negócios.

Tenho percebido que não existe perfil certo, melhor ou imbatível. O que existe mesmo é um ser humano cheio de defeitos, que visa um lugar ao sol no mundo dos negócios. E, nesse vasto grupo, estamos eu, você, a família, os vizinhos e toda a humanidade.

A despeito de quão jovem, experiente, flexível, disposta e disciplinada for a pessoa que pretenda registrar uma ideia, todos os dias (repito: todos os dias), precisará passar pelas etapas da metodologia *Startup Village*. É o que eu faço, é o que garante o êxito de meus negócios, o bem-estar íntimo, a felicidade dos meus e a prosperidade para aqueles que trabalham comigo.

Ainda que você não seja *player*, empreendedor, investidor, empresário ou gestor, entenda que os pilares meditação, blindagem, saúde e roda do desenvolvimento se encaixam na vida de cada ser humano. Partindo para uma analogia com o futebol, sem esses pilares, por melhor que seja o elenco, time algum conquista títulos.

Por falar nisso, você já se perguntou qual é o motivo que torna o Barcelona um dos times mais consagrados de todos os tempos?

O equilíbrio corporal, sem dúvida, tem peso, porém é só "mais um" segredo. E, se a resposta que vem a sua mente é dinheiro, pedirei que reveja o ponto de vista. A Revista BBC publicou, em janeiro de 2018, o *ranking* dos 30 times mais ricos do mundo e embora o Barcelona esteja entre os primeiros, a receita anual do trigésimo colocado é de 157,6 milhões de euros. Vê-se que há dinheiro suficiente para qualquer time, dentre esses 30, conquistar os desejados títulos.

Em quatro oportunidades, estive com dirigentes do Barcelona, duas no Brasil e duas na Espanha. Estudando o *case* Barcelona, conversei muito com dirigentes e troquei muito conhecimento com o gerente de futebol, a pessoa responsável pelas excursões da equipe, que detinha a visão macro do clube.

Lá, muito além da teoria, entendi a verdadeira importância do trabalho em equipe, para o alcance rápido de objetivos, por meio de expertises que, embora variadas, são marcadas pela coesão e pelo espírito de equipe. O Barcelona, desse modo, é a expressão viva

METODOLOGIA STARTUP VILLAGE

das inúmeras teorias de sucesso, porém um detalhe desperta a atenção: nós, latinos, olhamos muito para o técnico, como figura central e protagonista do sucesso. No Barcelona, o técnico tem grande peso e responsabilidade, como não poderia deixar de ser, mas a cultura de prosperidade é o segredo do bolo daquele time.

O Barcelona tem um dos melhores departamentos de seleção e recrutamento de talentos. Do porteiro aos jogadores, da copeira aos administradores, cada colaborador sabe, na ponta da língua e internalizado no coração, qual é a missão, a visão e os valores do clube.

A operação do "Barça" é maior do que as pessoas e seus respectivos erros. Ainda que um presidente seja acusado disso ou culpado por aquilo, o time estará pronto para se reerguer, pois um eventual escândalo é menor do que a força da marca.

O pensamento de longo prazo, inclusive, copiado por muitos clubes do mundo inteiro, visa formar bases sólidas e atletas que farão a diferença na próxima década.

Nos jogos, o padrão de excelência é definido e exigido da comissão técnica e dos atletas, de modo que um grupo não seja mais e nem menos importante em relação ao outro.

O respeito é trabalhado com cada profissional, no sentido de que todos se sintam importantes, porém saibam que são "mais um" na sólida e próspera estrutura representada pelo time. Disse-me, certa vez, o gerente:

— Fernando, você acha que Lionel Messi não sabe que é um dos melhores jogadores do clube e do mundo? O clube sempre trabalhou com ele e com os demais, para evitar que o estrelismo prejudicasse a *performance* do Barcelona. Se, em qualquer momento, Messi exercesse qualquer sentimento de superioridade em campo, os demais não jogariam ao lado dele com o mesmo comprometimento.

A disponibilidade é outro segredo do sucesso Barcelona. Quando um elemento do grupo ganha a bola, no mínimo dois companheiros precisam encostar para receber. Esse esforço de presença é uma regra cumprida com rigor. Aí sim, o equilíbrio corporal faz toda a diferença, já que o atleta vai e volta, do ataque à defesa, quantas vezes o time precisar.

Isso tudo nos permite refletir sobre o dia a dia das empresas, independentemente do porte e do segmento:

METODOLOGIA STARTUP VILLAGE

Será que todos os profissionais têm respeito pelos colegas ou uns se acham mais estrelas do que outros?

Será que impera o espírito de equipe ou o estilo cada um por si, segundo o qual se faz aquilo que o contrato manda e ponto final?

Será que o pensamento de longo prazo está presente na gestão ou a empresa segue apagando incêndios para manter-se viva?

Será que a empresa sobreviveria aos desmandos de um gestor dotado de más intenções?

Será que os profissionais sabem quais são e respeitam os valores, a missão e a visão?

Será que cada profissional procura manter o máximo equilíbrio corporal, para oferecer o melhor de si?

E, por último, será que tão logo o profissional consiga uma oportunidade de ouro, outros dois venham em cima do lance, para ajudá-lo a aproveitar a chance?

Talvez, agora, que as respostas estão borbulhando no oceano de reflexões do seu cérebro, você entenda que não se trata apenas de dinheiro e tampouco de equilíbrio corporal.

Ainda que a pessoa trabalhe sozinha, como consultora desse ou daquele setor, precisará contar com os semelhantes. Por isso, do celetista ao empresário, da dona de casa (líder de tudo que acontece no lar) à executiva de uma multinacional, do técnico de futebol aos atletas, do padeiro ao contador, todos podem se beneficiar dos pilares da metodologia, desde que sempre pensem em "como fazer".

O *know-how* já pertence àquela determinada pessoa. Antes de buscar a especificidade do negócio, de estruturar um saudável fluxo de caixa, de precificar com estratégia ou abrir uma campanha digital, é preciso zelar pela pessoa que fará tudo isso. É aí, cirurgicamente aí, que a metodologia *Startup Village* entra em ação.

Tenho uma proposta, embalada sob o formato de palestras, por exemplo, que se chama Inovação & Liderança Disruptiva. Neste caso, a intervenção sobre cada passo estratégico é maior e quase um desdobramento da *Startup Village*. Porém, costumo afirmar que, sem cuidar de si, por meio dos pilares que apresentei e ainda vou apresentar na obra, não há estratégia ou *know-how* que se sustente.

Some todas as características positivas do líder e do empreendedor. Você vai descobrir que 1+1 é bem mais que 2. A inovação tem o poder de influen-

METODOLOGIA STARTUP VILLAGE

ciar o comportamento de um e de outro, sendo que a busca de toda inovação é a evolução.

Os profissionais conectados ao mundo da inovação têm a grande dificuldade de firmar posições, pois nada tem sido definitivo. Um livro sobre inovação não levaria seis meses para estar desatualizado e, quem sabe, um ano depois de publicado, seria considerado um dinossauro. Isso, no entanto, é um desafio dos formadores de opinião, que não pode ser usado como desculpas para cruzar os braços, como muitos líderes têm feito em relação aos conceitos do avanço tecnológico.

Creia, ainda temos líderes que veem realidade como tendência. A exemplificar, podemos citar *Internet das coisas*, *big data* e seus 5 v's (velocidade, volume, variedade, veracidade e valor), inteligência artificial, realidade virtual e aumentada (esse último, um tema de minhas pesquisas e da execução de meus negócios).

Há quem pense que estamos falando de temas restritos ao Vale do Silício. Um baita engano. Há muito tempo, a inovação deixou os ares californianos para invadir as empresas de todos os continentes, inclusive as brasileiras. Essa disruptura está quebrando as verticais do pragmatismo e, cedo ou tarde, de maneira exponencial, vai impactar todos os ramos.

O líder ideal, buscado por um mercado cada vez mais antenado com as coisas da inovação mundial, deixou de ser aquele talentoso profissional de boa bagagem acadêmica, boa capacidade de articulação, vendas e condução de pessoas. Embora possamos validar esses critérios como eternamente importantes, o que de fato conta, a partir do Século XXI, é a capacidade de absorver, desaprender e aprender tudo o que o mercado mundial oferece a respeito de tecnologia, plataformas e inovação aberta; três elementos disruptivos que farão a diferença entre viver, crescer, sobreviver, firmar-se ou quebrar no mundo dos negócios.

A velha guarda dos vendedores, que resistia ao avanço disruptivo, que insistia em usar papel e evitar equipamentos como *laptop*, foi dizimada. Muitos líderes estão vivendo os dias de hoje com a mesma atitude desses vendedores de ontem, avessos ao que chega de novidades. É quase óbvio imaginar que devem mudar essa contemplação retrógrada, ou terão semelhante destino.

METODOLOGIA STARTUP VILLAGE

A *Blockbuster*, antiga maior rede de locação e paraíso do cinéfilo, que não se importava em ir pessoalmente até uma loja buscar o filme predileto, foi dizimada pela provedora global de filmes e séries, a *Netflix*, que mantém o público onde ele prefere estar, no sofá.

Empresas como Telefônica, Claro e TIM viram o seu império de lucros desabar. Se o *Skype*, anteriormente, não conseguiu fazer frente ao *Market Share* das empresas de telefonia, o aplicativo *WhatsApp*, impiedoso, o fez e se mostrou um "elefante que incomoda muita gente".

A indústria fonográfica viu na tecnologia MP3, o início de uma disruptura que geraria a derrocada do setor que imperou por muito tempo, sem concorrentes expressivos.

Quando a *Kodak*, detentora do mercado de revelação de fotos impressas, desenvolveu a câmera digital, conta-se que o presidente da empresa, na época, indagou:

— Quem é que vai querer ver fotos numa tela?

Eis o resultado da hesitação desse líder: criou uma tecnologia que foi replicada pela concorrência, duvidou, desacreditou na inovação e foi dragado pela própria limitação de contemplar os eventos inovadores que abririam frente a um futuro jamais visto. O líder dotado de resposta para tudo era contratado a peso de ouro. Com a disruptura, a resposta certa deixou de ser tão importante e cedeu lugar para a pergunta certa. O líder que vem para a empresa, cheio de supostas respostas, rapidamente se mostra desconhecedor das inovações que galopeiam, mundo afora, em frenético ritmo e expressiva velocidade.

"SE, NO SÉCULO XX, A INOVAÇÃO ERA FECHADA E BUSCAVA BRECHAS MINÚSCULAS, QUASE SEMPRE ADVINDAS DA FALHA HUMANA, NO SÉCULO XXI É ABERTA, DISRUPTIVA, IMPIEDOSA E PODEROSA O SUFICIENTE PARA NÃO DEPENDER DA APROVAÇÃO OU DA FALHA HUMANA."

Certa vez, uma pessoa me disse que o único exemplo disruptivo claro era o *Facebook*. Ao curso da obra, vou apresentar outros e mostrar que essa

METODOLOGIA STARTUP VILLAGE

pessoa está errada. Aliás, esse é o problema. Muitos acham que a inovação repercute em casos pontuais, o que retrata outro terrível engano.

Para uma análise mais profunda do movimento empreendedor mundial, precisamos pensar até mesmo na formação acadêmica de nossos líderes, responsáveis por lidar com toda essa ruptura que se impõe mundo afora.

O ambiente acadêmico, mais conservador dos EUA, reviu sua estratégia de ensino e já oferece abordagens muito mais inovadoras para o seu padrão. E, por que faz isso? A instituição está preocupada com aquilo que os seus futuros formadores de opinião farão pelo mundo. Afinal, o setor educacional também já sacou que, em tempos de disruptura, pior do que tomar decisões ousadas é não adotar decisão alguma.

A Lei de Moore salvaria muitas empresas, como a *Blockbuster*, por exemplo, que um dia duvidou do *streaming* de vídeo como produto e pagou o preço de ser dizimada. As *startups*, preocupadas com a disruptura, já creditam tanto valor à análise evolutiva das mudanças, quanto o Século XX creditou aos quesitos missão, visão e valores.

Fernando Godoy

"CONHECER O PODER DE PLATAFORMA QUE A MARCA CARREGA É UM GRANDE SEGREDO EMPREENDEDOR."

Não pense que *Redbull* é uma marca. Muito além disso, é uma massiva e assertiva plataforma que está em incontáveis esportes. Com isso, a empresa pode ser impactada pela disruptura e sobreviver, metamorfoseando sua operação para outras facetas da tecnologia conquistada pela plataforma, como automação, algoritmo, escala, *software*, inteligência artificial e, também, marca esportiva.

À liderança, por tudo isso, resta o desafio de entender a plataforma das tecnologias. O setor agro não pode mais plantar, colher e vender. Agora, precisa lidar com dados meteorológicos, investimento em maquinário moderno, análise de crédito, liderança, espírito de equipe, motivação, análise de imagens, gestão de riscos, *compliance*, finanças, investimentos gerais e mais uma série de assuntos que não se esgotam.

Do outro lado, clientes, parceiros e fornecedores esperam que todos esses assuntos sejam dominados pelos gestores e demais líderes. É cogitar isso como realidade e necessidade ou recusar-se a crescer. Não existe uma terceira alternativa.

METODOLOGIA STARTUP VILLAGE

No passado, empresas se reuniam por desonestidade, para gerar cartel de preços e estabelecer regras que resultassem em maior lucratividade. Com a disruptura, a compreensão de plataforma aproximou os concorrentes, dessa vez, em nome da honestidade e da sobrevivência, de modo a convidar o concorrente como par, em vez de inimigo. "Eu fui até aqui e não posso mais avançar sem o seu conhecimento."

Talvez você esteja no mesmo beco sem saída. Vamos achar uma solução juntos?

Assim, mais ou menos dessa forma, costuma acontecer o diálogo entre os empreendedores plugados aos eventos da inovação e do preço por ela cobrado.

No mesmo sentido dessa estrada, todo líder empreendedor deve enxergar no gasto do dinheiro alguma possível estratégia de mudança que inverta o jogo, transformando gasto em investimento e, por efeito, em retorno (lucro). É isso mesmo, você não entendeu errado. O nosso negócio, às vezes, imputa despesas que, avaliadas da maneira correta, podem e devem ser transformadas em receita, seja no sentido financeiro ou no sentido de conhecimento, que vale tanto ou mais do que dinheiro. Vou relatar:

Eu estava investindo um bom dinheiro com desenvolvedores, mas era um investimento pontual que se transformava em despesa, já que eu não absorvia nada do que era desenvolvido. Foi aí que investi em uma *startup* batizada de "Encontre um Nerd". O custo de ter vários técnicos registrados e fixos, que poderiam resolver um impasse, seria muito alto. Se eu tinha esse problema, todo empresário também experimentava. Daí a justificativa pelo investimento na *startup*.

O resultado positivo que um dentista ou um lojista encontra, ao precisar do serviço, conforme o depoimento dos próprios clientes, é inquestionável. E, de minha parte, como investidor do projeto, também foi muito positivo, o que serve de lição para os empreendedores:

"INVESTIR NÃO SE RESUME A INJETAR DINHEIRO E EXPERIÊNCIA GESTORA EM UM NEGÓCIO. ALÉM DE ENSINAR, O EMPREENDEDOR DEVE APRENDER COM O NEGÓCIO ACOLHIDO."

METODOLOGIA STARTUP VILLAGE

Sou um cara de *software* há 30 anos e, ao trazer essa rapaziada para trabalhar comigo, percebi o quão desatualizado eu estava. Os caras trazem ferramentas da Índia, Dinamarca (quase todas gratuitas), que servem como recurso para a gestão inteira da empresa, realizada por duas pessoas. Levei alguns desses *nerds*, grandes profissionais, para o interior do Grupo Gaia Hyper e passamos a trabalhar juntos, pois eles precisam da minha experiência como empreendedor e gestor, sendo que eu preciso da experiência deles como programadores, desenvolvedores e inovadores.

Observe que o Barcelona, o Grupo Gaia Hyper e a sua empresa estão jogando o mesmo campeonato. A diferença, quem sabe, seja apenas a percepção sobre o tamanho da competição e a expertise do técnico, digo, líder. Agora, responda com sinceridade: sem a blindagem emocional e sem o equilíbrio corporal, arrastando os meus negócios pela rotina, acha que eu enxergaria essas oportunidades?

Imagino qual seja a sua resposta e parabenizo você. Já aqueceu, se blindou emocionalmente e tem planos para o equilíbrio corporal. Agora sim, vamos aos demais passos...

CAPÍTULO 3

RODA DO DESENVOLVIMENTO:
A JORNADA DO HERÓI

Fernando Godoy

Ao analisar os principais discursos de grandes líderes governamentais (Winston Churchill é o meu predileto) e empresariais, principalmente em momentos de pós-guerra, grandes crises, reconstruções e também em momentos de abundância, com certeza você encontrará algo em comum: sete elementos que formam a roda do desenvolvimento.

Foco – entusiasmo – trabalho duro – persistência – produtividade – empatia – resiliência

Foco: elemento fundamental. O desejo de fazer mil coisas ao mesmo tempo ou abraçar todas as oportunidades que surgirem dizimou grandes empreendedores. Aprenda a dizer não, a se concentrar naquilo que pode trazer 80% dos resultados. Não perca tempo com coisas secundárias. Aliás, nada pior para o exercício empreendedor do que não conseguir olhar e executar uma ideia de cada vez. O ideal é que os olhos estejam "atentos" a tudo, mas "concentrados" em um projeto por vez.

Entusiasmo: acredite que você é capaz de realizar qualquer tarefa, mesmo que a demanda, aparentemente, esteja muito além do seu alcance. Em breve, você vai conhecer o escocês, Robert Hare. Concentre-se no exemplo dele. Saiba também que empreendedor desanimado funciona tanto quanto o policial desanimado que precisa atirar: o tiro vai até sair da arma dele, mas o bandido, se estiver mais entusiasmado em suas sórdidas intenções, pode levar a melhor.

Trabalho duro: há quem pense que a vida empreendedora é um paraíso que envolve férias em metade do ano. Não que seja proibido, mas tenha certeza de que todos os grandes empreendedores trabalham mais do que os celetistas. O segredo é respeitar a linha tênue que separa o esforço incansável (trabalho duro) do comportamento *workaholic* (esse sim, pode ser nocivo e afetar os pilares 1 e 2 da metodologia, o que faria de você um empreendedor vulnerável, com decisões temerárias, sempre sob estresse emocional e físico).

Persistência: muitos desistem diante dos primeiros obstáculos. Encare cada novo problema como forma de aprendizado e prepare-se, desde agora, para entender que não serão poucos. Todos os dias, empecilhos e concorrentes batem à porta. Os criadores de *Angry Birds* tentaram dezenas de vezes, até alcançarem o desejado sucesso. O que eu quero dizer é simples, mas não é indolor para quem vai ler: persistir é fácil. Basta tentar outra vez, como diria Raul Seixas. E, embora fácil, muitos desistem por falta de resiliência (aos olhos empreendedores, é diferente e abordarei também a resiliência, em seguida). Ouvir não a cada vez que persistiu é bem difícil. A depender de como e quantas vezes o não é oferecido, o cérebro do empreendedor deve reservar moradia gratuita e garantida para uma nova persistência. Ou não conseguirá seguir.

Produtividade: gastamos quase que metade do tempo diário em coisas secundárias, informações fúteis e excesso de tempo em mídias sociais. Ao realizar uma tarefa, uma proposta, um projeto ou um artigo, desligue tudo ao redor: aplicativos, telefones, *e-mails* e não atenda ninguém. Se fizer isso, tenha a certeza de

METODOLOGIA STARTUP VILLAGE

que executará mais tarefas e com melhor qualidade, ao longo do dia. Toda vez que é interrompido por algo ou alguém, você pode levar de cinco a dez minutos para voltar ao mesmo estado de concentração anterior e continuar a tarefa de onde parou. Se ainda tem dúvida, peço que, um dia, conte quantas vezes é interrompido ou se distrai com mensagens que chegam. Multiplique por dez e verá quantas horas do seu dia foram jogadas fora. Enquanto escrevo esta obra, confiro um último relato de que, em média, um colaborador produz efetivamente só quatro horas de trabalho. Não é assustador?

Reconheça quais são os elementos que você domina e os que tem a melhorar. Confesso que as minhas maiores fraquezas, durante muito tempo, foram o foco e a produtividade. Garanto que você pode ser excelente em seis delas. Apenas uma fraqueza é necessária para desequilibrar essa roda. Seria como tentar rodar em alta velocidade, com um pneu furado ou praticamente vazio. Reconheça e dedique-se intensamente a melhorá-la(s). Eu fiz isso e aprendi a abraçar uma nova oportunidade, depois que a anterior estava consolidada. Aprendi a gerenciar o meu tempo fazendo planejamento, executando as atividades mais importantes. Eis o segredo: quando tenho algo que exige atenção para fazer, me isolo de tudo, para agir da forma melhor e mais rápida.

Empatia: um dia, tive dificuldade de ouvir as pessoas, requisito fundamental para desenvolver empatia. Felizmente, o autoconhecimento me tirou dessa "*vibe* surda". Vamos pensar um pouquinho nela, a empatia, que nasce da boa audição, sem a qual ninguém consegue nada. Não precisamos viver o drama de cada pessoa, mas devemos ser bons ouvintes. Nunca existiu um *gap* tão presente no corporativo. Dentro e fora de casa, dentro e fora do escritório, cada vez mais devemos ser empáticos. É a empatia que nos tira um pouco da convivência tecnológica, digital. Sem ela, o nosso interlocutor prefere voltar ao computador.

Será que isso não explica por que muita gente prefere ficar no celular do que conversar com a família?

Será que isso não explica o fato de as pessoas se isolarem nas redes sociais, em vez de procurarem as mesmas relações sociais, só que presenciais?

Resiliência: semelhante compreensão se dá para esse tema. Mais importante do que subir, é sa-

METODOLOGIA STARTUP VILLAGE

ber cair e se manter em estado de sucesso, isto é, resiliente, disposto a voltar e empreender outra vez.

> **"O EMPREENDEDORISMO NO SETOR DE STARTUPS É UM VERDADEIRO LABORATÓRIO PARA TESTAR, EM MÚLTIPLAS DOSAGENS, A RESILIÊNCIA DE QUEM EMPREENDE."**

Você descobre que a pessoa não é empreendedora, quando ela empreende, leva um tombo, um prejuízo, vive um dissabor e volta correndo, encolhida e com medo, para o regime CLT, como uma criança amedrontada, pedindo o colo do patrão.

Nos EUA, investidores preferem lidar com as pessoas que quebraram dez vezes, do que injetar dinheiro em quem jamais conheceu o fracasso empresarial. Não estou defendendo que você precisa quebrar, mas afirmo que é normal. Os problemas curvarão e apertarão o empreendedor. Imediatamente, ele deve voltar ao seu estado anterior, montar sua carapaça, enfrentar as dores dos problemas e crescer outra vez. Eis a essência maior da resiliência empreendedora...

Se algumas características são desejáveis a quem luta por um espaço no mundial jogo empreendedor, a resiliência é mandatória. Mais do que ir até o fim, é preciso aguentar até o fim. Acredite, são duas coisas muito diferentes. Do acidente trágico à traição de um colaborador, a resiliência é a única ferramenta capaz de fazer você levantar a cabeça.

Com a roda do desenvolvimento completa em seus sete componentes, além dos pilares que a metodologia *Startup Village* oferece, o empreendedor pode alcançar o lugar do planeta que deseja ver a sua empresa, o seu negócio.

Repare que, o tópico roda do desenvolvimento reúne características típicas dos *players*, por isso, estará pulverizada em várias partes do livro, já que toda a metodologia se conecta conforme a necessidade. E, agora que estamos sete vezes mais fortes, incentivados pela roda do desenvolvimento, vamos em frente. Chegou o momento de exemplificar, pois a inovação não admite apenas teoria...

METODOLOGIA STARTUP VILLAGE

Desde Campbell, em 1949, autores se esforçam para narrar a jornada que resultou em um *case*. Nesse sentido, qualquer especialista em livros traduzirá a jornada do herói como o resultado dos eventos que fizeram o protagonista "chegar lá". Esses eventos, ora tristes, ora felizes, derivam também de decisões que geraram pontual fracasso ou sucesso, ganhos e perdas, erros e acertos.

O norte-americano não tem receio e não se constrange em admitir quantas vezes errou ou quebrou e tampouco sente-se diminuído por assumir que suas conquistas exigiram períodos em que precisou ser *workaholic*.

Nós, sul-americanos, vemos esses temas como tabus e ignoramos que fazem parte das bem jogadas partidas para as quais o mundo dos negócios nos escala. Se jogaremos como titulares, protagonistas, reservas e coadjuvantes, é outra história.

A tal jornada do herói nem sempre é um conto de fadas em que todos são felizes e a empresa se torna próspera. Bem diferente disso, prevê toda a curvatura emocional, que corre em nossa essência, composta por qualidades e defeitos, erros e acertos, decisões e procrastinações, bravura e medo, disciplina e princípios.

A construção dos eventos não segue uma linha de "conto". Quase todos os grandes empreendimentos nascem aos tropeços, crescem ao sabor dos erros e se solidificam a partir da maturidade do gestor, no sentido mais amplo da palavra. Vou oferecer um pouco de minha história e, quem sabe, inspirar o desenvolvimento da história de quem sonha em construir um grupo empresarial, uma rede de *startups* ou uma cadeia setorial de investimentos.

Eu respondo pelo Grupo Gaia Hyper, que compreende várias empresas, sendo a maior parte delas ligadas à tecnologia: Zênega, que opera em três países; Flex Interativa (em nosso portfólio empresarial há 20 anos); Encontre um *Nerd*, Cervejaria Leuven, *Startup Village*, a nossa ONG, *Spirit of Football* e uma série de *startups*.

Antes da faculdade, passei praticamente toda a minha vida defendendo o Clube de Campo de Piracicaba, depois passei por algumas peneiras e cheguei a defender o XV de Piracicaba. Feliz da vida por realizar o sonho de entrar em campo e defender profissionalmente um time, comecei como todos os atletas: no banco.

Às vésperas de minha estreia em campo, naquele que seria o segundo jogo em que ficava no banco de reservas, uma companhia aérea entrou no XV como patrocinadora, trocou toda a comissão técnica e dispensou praticamente todo o elenco. Eu, que sequer cheguei a pisar em campo, fui junto com a galera para o único lugar que jogador algum gostaria, "o olho da rua". A única exceção no pacote dos demitidos foi um dos zagueiros. A mesmíssima situação de troca de diretoria e demissão em massa se repetiu, pouco tempo à frente, na Internacional de Limeira. E foi aí que desisti de tentar o futebol no Brasil.

Meu pai e meu irmão do meio se formaram em agronomia. Segui a linha e me formei como engenheiro agrônomo, sem jamais me arrepender disso. Em paralelo, por muito tempo, alimentei esse sonho de jogar futebol profissional.

Em 1994, recém-formado pela UNESP, em Jaboticabal, participei do processo seletivo em uma grande empresa do setor de fertilizantes. Fui eliminando concorrentes e cheguei até a fase da redação, cujo tema era livre. É claro que escrevi sobre a minha paixão, o futebol.

Aprovado, fui enviado para trabalhar na região de Campo Mourão, no Paraná. Adiante, descobri os motivos: primeiro, a empresa precisava de um agrônomo naquela unidade, em tempo integral, pois ali estava uma das maiores cooperativas da América Latina. Segundo, a cidade era apaixonada por futebol. Terceiro, o superintendente da cooperativa também adorava futebol. Além de agrônomo, me tornei uma espécie de relações públicas entre concorrentes, parceiros e clientes, e claro, jogava futebol pela cooperativa.

Atuei na área comercial, fiz muitas amizades e representei muito bem a empresa. Um dos poucos a

METODOLOGIA STARTUP VILLAGE

ter *laptop* e impressora na empresa (estamos falando de 1995), eu preenchia relatórios de deixar os líderes com a boca aberta. A inovação estava longe do Brasil, mas bem próxima de mim, pois eu a procurava tanto quanto ao futebol, com a diferença de que via o futebol como sonho e a inovação como realidade natural.

Trabalhei somente um ano como agrônomo e juntei dinheiro. Decidido, aos 22 anos, resolvi me mudar, de mala e sonhos, para os Estados Unidos, determinado a jogar futebol por lá.

Caçula dentre os três irmãos e filho de um professor da USP, não posso dizer que a família deu pulos de felicidade, mas aceitou a minha busca.

Na mala, uma pequena reserva financeira. Nos pensamentos, o prazo preestabelecido de um ano para conseguir algo ou voltar. A *Internet*, naqueles idos, dava os primeiros passos no Brasil, mas pegava fogo nos EUA. Como eu programava e fazia manutenção em periféricos, desde os 14 anos, cheguei a refletir que havia uma válvula de escape, um emprego alternativo, caso o futebol não vingasse. Confesso que não alimentei esse desejo e queria mesmo era fazer o futebol dar certo. De qualquer modo, o prazo de um ano estava firmado em minha mente: conseguir algo ou retornar.

Na época, a tia daquela que seria minha esposa morava em Connecticut e me ofereceu ajuda. Mas, quando cheguei e fui visitar os clubes, descobri que não seria nada fácil. Organizados como são os norte-americanos, faziam os torneios e contratavam estrangeiros por *marketing*, para trazer público ao estádio. Desse modo, eles queriam atletas que tivessem jogado em clubes conhecidos ou no Sub-20 da seleção brasileira.

— Todos os nossos contratos foram fechados bem antes de iniciar a liga desse ano! – disse o dirigente de um clube, para minha total decepção.

Com muita insistência, acabei conseguindo emprego em um time, que seria equivalente ao que consideramos, no Brasil, a segunda divisão do futebol. O idioma foi outro desafio. Eu supunha que falava bem e assim que comecei a interagir, percebi que estava longe de dominar o inglês.

Fiquei dois meses nesse pequeno time, não gostei do técnico e migrei para o Alabama, onde acei-

METODOLOGIA STARTUP VILLAGE

tei ser bolsista da faculdade, sem o menor desejo de cursar as disciplinas propostas, mas disse "sim" para ter o direito de jogar futebol. A Universidade me ofereceu a bolsa, porque os educadores gostaram de meu futebol e, por outro lado, jogar por um time universitário estava longe do sonho original, que consistia em jogar profissionalmente.

O dinheiro estava acabando e para agravar a situação, no Alabama havia muitos brasileiros. Como todos conversavam em português, eu ficava sem treinar o inglês.

Telefonei para colocar a saudade em dia e os meus pais, experientes, perceberam o meu desânimo. Estava difícil disfarçar a frustração. Até que um primo meu, que morava na Califórnia, indicou um contato que poderia me ajudar no futebol da região: Sr. Richard, um aposentado que passava mais tempo no mar do que em solo. Pesquisei o valor e descobri que tinha o necessário para comprar a passagem rumo a Los Angeles e se a comprasse, sobraria o suficiente para mais uma semana nos EUA. E nada mais.

"Dane-se!" – pensei.

No verão daquele ano, desembarquei em Los Angeles e olhei para todos os lados, em busca de Sr. Richard, o meu possível "contato salvador". Ele não estava ali. Esperei por 30 minutos. Uma hora. Duas horas. E comecei a me desesperar. Não tinha nem onde dormir. O prometido é que ele esperaria com uma placa em mãos, impressa com o meu nome. Comecei a abordar as pessoas que estavam no saguão:

— Você é o Richard?

Perguntei para umas dez pessoas e prestes a me render, vi a figura chegando. Sr. Richard aparentava uns 65 anos, alto, de bengala. No dia seguinte, ele me levou para visitar a cidade de Burbank-CA, onde havia uma escolinha Sub-13, 15, 17 e 19, comandada pelo técnico iraniano, mas radicado nos EUA, Afshin Ghotbi, homem muito bem relacionado, que me ofereceu mil dólares mensais para ensinar a garotada da região a jogar futebol.

— Aceito! – disse eu, disfarçando o fato de que era um dos dias mais felizes de minha vida. Não era exatamente um contrato para ser jogador futebol, mas "estava dentro".

METODOLOGIA STARTUP VILLAGE

Nunca havia dado aulas de futebol e o começo foi difícil. Além disso, ainda apanhava do inglês. Três meses e muitos episódios de Homer Simpson depois, finalmente eu estava fluente no idioma. A ideia inicial consistia em ficar por um ano nos EUA, mas bebi do conhecimento norte-americano por quatro anos.

No primeiro aumento de salário, aluguei um pequeno apartamento e fui tocando a vida. Procurei meios de aumentar a renda. Durante a manhã, trabalhava num escritório de advocacia, cujo empregador foi como um segundo pai, para mim, nos EUA. Prestava-lhe serviços gerais, boa parte desses relacionados à informática (é aqui que entra a disruptura, pois lembre-se que eu sonhava ser jogador de futebol, mas deixei um país em que a *Internet* engatinhava, com a expertise em informática que muitos não tinham nos EUA).

No período da tarde, fazia estágio em Beverly Hills, numa agência digital. À noite, dava treino para os alunos e, na sequência, treinava profissionalmente. Aos finais de semana, jogava pelo meu time (já vou te contar isso) e acompanhava o jogo dos garotos que atuavam em três times cujos jogadores eu ensinava. Em suma, de segunda a segunda, cumpria uma jornada que começava às 7h e chegava ao fim perto de 0h (lembre-se do trabalho duro, que defendi como importantíssimo requisito).

Pois bem. Eu queria jogar e a vida, caprichosamente, me deu uma chance. Afshin assumiu um time e me convidou a jogar. Rildo Menezes, aquele que fez carreira em times como Santos, Cosmos, Sport e Botafogo, era o diretor desse time.

— Vou te levar para a Europa. Você vai fazer um teste na Holanda. – disse Afshin Ghotbi, tempos depois.

Duas semanas antes do embarque para a Europa, em um jogo no Texas, subi para cabecear uma bola e, no lance, o zagueiro do time adversário caiu com todo o peso sobre o meu tornozelo. Rompi os ligamentos. O pé bambeava sem que eu conseguisse firmá-lo. Era o fim de uma curta carreira, o desfecho do sonho de longo prazo que me acompanhava, desde a adolescência (ao menos para o futebol de campo, pois o futebol de salão ainda me tentaria).

Foram 15 dias de dor. Enquanto esperava para ser operado, a minha namorada usou as duas palavras que mudam a vida de um homem:

METODOLOGIA **STARTUP VILLAGE**

— Estou grávida.

Com mais uma boa razão para prosperar nos EUA, voltei da cirurgia e fui para cima. A empresa de Beverly Hills, em que eu estagiava, foi vendida para uma grande empresa de Los Angeles. O novo empregador demitiu quase todos. Fui o único funcionário a seguir. Meses depois, outra gigante da inovação comprou as três maiores empresas de *Internet*. Uma dessas três foi aquela que me levara desde os tempos de estágio. Tornei-me gerente de projetos, desenvolvi trabalhos para a Fox, a Sony e outras gigantes.

Em 1999, a crise deflagrada teve proporções mundiais. Eu estava disposto a voltar ao Brasil e assumir um escritório dessa empresa, mas a diretoria acabou desistindo do projeto. Enquanto aguardava o *Green Card*, comecei a jogar futebol de salão com um time de brasileiros residentes em Los Angeles, mais por lazer e apreço ao esporte do que por profissionalismo. E, quase todo ano, ganhávamos o campeonato. Ironicamente, naquele ano que antecedeu o meu retorno ao Brasil, perdemos a finalíssima.

O técnico do time adversário e também da seleção americana de futsal me fez uma proposta.

— Você tem interesse de treinar futebol de salão e ser jogador americano?

—Tenho, inclusive estou esperando o *Green Card*. – respondi, quase instantaneamente e expliquei a situação do filho recém-nascido. O sonho que parecia adormecido voltou.

— Mas, e a sua família que está no Brasil? – perguntou o empresário.

— Eu posso trazê-la. – disse eu, determinado.

— Então, pense na proposta.

Fiquei de dar resposta nos próximos dias. Uma quinzena se passou e chegou o *Green Card*. Meu filho nasceu e uma dúvida surgiu: o que faria, daí em diante?

Continuei na empresa e tornei-me acionista. O passar daqueles anos me fez mais racional, pragmático e amadurecido. Comecei a pensar como homem de família, afinal, tornara-me pai. Voltei à sede do time de futebol de salão e disse ao técnico:

— Quero lhe agradecer. Fosse em outros tempos, eu arriscaria tudo para jogar futebol profissionalmente. Mas, pensei bem e vou declinar de seu convite!

METODOLOGIA STARTUP VILLAGE

Em paralelo, com a inquietude típica do meu jeitão de lidar com os negócios, estruturei uma empresa de inovação, me preparei para deixar a função de gerente de projetos e fui preparando a transição. No mais, a empresa estava envolvida em um grande projeto e eu não queria deixá-la na mão. Abri o jogo e continuei por lá, dando o melhor de mim. Eu e o gestor tínhamos tanto sincronismo, que nos tornaríamos sócios em outro negócio, após a minha saída.

Meses depois, (a cláusula de acionista assim exigia) regressei ao Brasil, trazendo "na mala" essa empresa, para dar continuidade à gestão empresarial no país que me viu nascer.

Foram quatro anos mágicos. Joguei futebol no exterior e, ainda que parcialmente, realizei o meu sonho. Aprendi inglês, me tornei também um cidadão norte-americano, trabalhei em uma grande empresa, tornei-me pai, aprendi muito ao lado de grandes *players* do mundo dos negócios e agora estava de volta ao Brasil, pronto para uma nova vida. Na mala, o saldo da experiência: um conhecimento empresarial prático, que nem mesmo as melhores universidades do planeta poderiam oferecer. Mas, espere...

Se você imaginou que a partir desse momento, tudo teria sido fácil, nem pense nisso. Sugiro que continue lendo. Vencer no mundo dos negócios prevê um jogo de paciência, testa a resiliência e a capacidade de suportar pressão (outro motivo para estar bem e blindado, física e emocionalmente). Muita coisa ainda me esperava e se a dor de romper os ligamentos abalou a estrutura física e emocional, outras dores estavam reservadas.

Não vou esconder nada de você, a quem considero sócio do conhecimento. Ou seja, se estou municiando para que experimente a melhor vida empresarial, e se você confiou em mim a ponto de adquirir a obra, é razoável que lhe diga os tipos de espinhos que o jardim dos negócios reserva. Vamos em frente. Seguindo a ordem da metodologia, nos debrucemos sobre a educação financeira. Agora que você já se blindou física e emocionalmente, que aprendeu a girar a roda do desenvolvimento, o momento é oportuno para entender a questão da grana na vida empreendedora...

CAPÍTULO 4

EDUCAÇÃO FINANCEIRA:
O FUTURO EMPREENDEDOR COM SEGURANÇA

Umas das disciplinas mais importantes do mundo, a educação financeira, ainda é incipiente no Brasil, embora as coisas estejam melhorando.

Mudar o *mindset* de gastador para investidor é obrigação de quem empreende. Entender e aceitar que estamos vivendo mais é dever de quem pensa no futuro como estrategista, assumindo planejamento, novas atitudes e aprofundamento sobre o tema.

Vou apresentar um cálculo que divide a rotina financeira em três categorias e define percentuais a cada uma delas. Além de aprender sobre investimentos, é fundamental que nós, empreendedores, tenhamos maior conforto financeiro, pois ninguém consegue viver tranquilo, pensar, inovar e desafiar o mercado, com o fantasma das dívidas impagáveis no radar ou sem dinheiro poupado para um objetivo específico.

Sempre defendi que a educação financeira deveria ser matéria obrigatória nas escolas. Assim que aprendemos a ler e escrever, ou a estudar português e história, essa disciplina deveria receber a mesma atenção. Sua ausência é um dos principais motivos que explica a quantidade de pessoas na zona do desespero. Gastam mais do que recebem, não poupam, se endividam rapidamente e mesmo que recebam ajuda ou uma espécie de segunda oportunidade, voltam a se endividar, já que a questão é tão cultural quanto comportamental.

Arriscaria dizer que é o tema de maior preocupação em todos os lares e pode até ser avaliado como questão de saúde, já que a falta de dinheiro tira o sono, a tranquilidade, dizima os relacionamentos e as empresas.

Vivemos um novo contexto que coloca o Brasil no mapa da prosperidade e junto com a inovação, felizmente, o tema da educação financeira, tão presente em outros países, tem ganhado força também em território verde e amarelo.

Estamos vivendo mais e o custo de vida está mais alto, já que o cidadão do século XXI investe muito mais em educação, do que nos séculos anteriores. Some a isso a previdência social e suas mazelas, a fragilidade dos planos previdenciários privados quanto ao diminuto retorno e pronto. Tem-se, enfim, um grupo cada vez maior de adeptos, curiosos e pesquisadores do tema. E que continuemos assim, embora ainda não possamos cogitar uma maioria absoluta.

Pensando de forma massiva, no entanto, a normalidade do comportamento brasileiro é gastar mais do que poupa e ainda há muita gente que vê o tema da educação financeira como um assunto reservado aos mais ricos e aos grandes investidores. Por pensar assim, não enxerga que a população ativa do ponto de vista da contribuição previdenciária, de acordo com o cálculo de vários especialistas, tem data para sofrer um drástico revés, de modo que, em 2020, teremos mais inativos e dependentes da previdência do que contribuintes, numa conta que não se sustenta. Ou seja, é incerta a possibilidade de que haverá dinheiro para se aposentar, o que torna importantíssima a necessidade de educar-se financeiramente, para depender apenas de si, no lugar de esperar aquela que já foi considerada uma sonhada aposentadoria que, na verdade, passou a ser pesadelo.

Do mesmo jeito que escova os dentes, toma banho e faz refeições periódicas, chegou o momento de entender que poupar deve ser um exercício de semelhante regularidade e naturalidade. E, além de poupar regularmente, o investidor inexperiente precisa começar a pensar em fontes de renda alternativas que possam complementar, sem atrapalhar a atividade principal.

Você é bom em algo extracurricular? Pense em desenvolver aulas, palestras, consultoria, treinamento digital.

Você é bom em desenvolvimento? Pense em criar algo que gere renda passiva, *royalties*, direitos autorais.

Você é bom em arte gastronômica? Que tal um segundo emprego?

O fato é que a maior parte da população dá alguma desculpa para não procurar meios de aumentar a renda, enquanto a minoria sempre encontra algo. Lembre-se do que mencionei, no período em que vivenciei nos EUA e acumulava três empregos. Lá ou no Brasil, dá-se um jeito, e quem não encontrar essa alternativa, dificilmente entrará no seleto time nacional de quem empreende.

A minha visão sobre aposentadoria é peculiar. Eu não vou me aposentar. Esse pensamento gera uma nova maneira de pensar, agir e sentir o peso da idade, que chega para todos. Eu defendo uma maneira interligada de enxergar esse movimento de não se aposentar:

Ao decidir jamais me aposentar, sei que precisarei de recursos e me policio para obtê-los. Sei que precisarei de saúde e, com disciplina, me exercito e faço exames periódicos. Sei que precisarei estar com a mente sã e leio tantas obras quanto posso. Assim, recurso a recurso, vou buscando tudo o que precisarei como homem, pai, cidadão, empreendedor, gerador de empregos e líder do patrimônio familiar. Sei que por decidir não me aposentar, terei alguma renda a complementar o padrão de vida e, com essa linha de pensamentos, necessidades, tarefas e planejamento, não penso em parar. É claro que o ritmo há de diminuir. Não pretendo ser um

METODOLOGIA STARTUP VILLAGE

velho *workaholic*, mas não me vejo sentado na praça para jogar dominó com os companheiros.

É mandatório que você faça o mesmo? Não. Você tem o direito de escolher o que desejar para a senioridade. Porém é meu papel, como empreendedor e escritor, mostrar um ponto de vista diferente, embora nem melhor e tampouco pior.

O fato é que, sem renda suficiente para viver e sem saúde para trabalhar, a pessoa passa a depender do governo ou dos parentes, e se tem uma doença que mata precocemente é o constrangimento.

"Quanto eu tenho que guardar para não fazer mais nada?" – é a típica pergunta que muitos fazem. Dependendo do padrão de vida que deseja ter, esse número pode ser quase inatingível. Explico o motivo: se a remuneração da pessoa é 20 mil e ela descobre que para não fazer mais nada, deve poupar cinco mil por mês, talvez desanime e desista de poupar. E se essa pessoa está começando, como é o caso dos mais jovens, o número calculado também pode assustar e desanimar.

Partindo do pressuposto de que você gostou dessa proposta de não se aposentar e decidiu aderir, repare que adaptar as condições físicas, mentais e de vida é uma prática que abarca os pilares da metodologia *Startup Village*.

Não estou defendendo, necessariamente, a condição empreendedora e empresarial. Se o seu desejo é construir uma carreira executiva como celetista em alguma empresa, todas as soluções da metodologia podem se moldar ao seu estilo de vida, sendo que você passa a ser um intraempreendedor, cujas necessidades se assemelham àquelas do empreendedor solo, externo, que precisa se virar sozinho, seja para fundar uma *startup* ou uma multinacional. Em qualquer dos casos, dinheiro será fundamental.

Digamos que você jamais poupou, que não tem nenhuma reserva e precise começar do zero. O que fazer?

O começo de tudo é avaliar as despesas. Muitos pensam que sabem onde gastam o dinheiro. Tenha um aplicativo ou uma caderneta para anotar despesas como restaurante, combustível, café, supermercado, farmácia, presentes. Só não caia na tentação de anotar "outros".

Você vai descobrir, ao assumir e fazer disso um hábito, que a) gastava um bocado com supérfluos; e

b) supunha que o seu dinheiro escoava por um ralo e, na verdade, era por outro.

O orçamento familiar, para as pessoas que já se casaram, também é importantíssimo. Sente-se com a pessoa amada, defina metas, reduza despesas, façam esforços conjuntos para economizar, das despesas básicas às supérfluas. O resultado dessa ação é duplamente positivo. Primeiro, o casal se esforça para um bem comum e um futuro promissor. Segundo, acabam-se aquelas brigas comuns entre os casais que só conversam sobre dinheiro quando a coisa está no vermelho absoluto.

Em seguida, é preciso saber para que poupar. Você se dispõe a absorver a metodologia que apresento porque tem, com toda certeza, objetivos de curto, médio e longo prazo. O mesmo deve acontecer com a situação financeira. Poupar por poupar é frágil e a pessoa resgata o dinheiro na primeira vã necessidade que surge.

Quem se sente em situação de rotina, quase sempre está desconectado da educação financeira. É o clássico exemplo da pessoa que goza férias e fica em casa, porque não tem dinheiro para viajar. Poxa, se há um ano sabia que sairia de férias no ano seguinte, por que não fez uma reserva para se divertir?

Outro exemplo clássico é o do poupador pré-datado: "Logo mais, vou começar a guardar dinheiro e quando me aposentar, vou fazer todas as viagens que não fiz". – costuma dizer quem não poupa e tem a esperança de um dia poupar, mesmo sabendo que está se enganando com essa estratégia pré-datada e mentirosa.

Controle as despesas em curtas rédeas, discuta o orçamento com a família e tenha um objetivo para o dinheiro poupado. São três ações simples que fazem toda a diferença nos quesitos autoestima e cultura (lembrando que se a pessoa jamais poupou mais do que o valor a acumular, ela precisa da cultura de poupar).

Se estiver difícil compor o seu orçamento, aí vai uma sugestão bem simples e assertiva para alocar nos percentuais de sua renda.

Despesas essenciais – moradia, saúde, educação, transporte, alimentação – 50%.

Despesas com bem-estar – lazer, *hobbies*, roupas, eletrodomésticos – 30%.

METODOLOGIA STARTUP VILLAGE

Investimentos de segurança – previdência, poupança, reforma da casa – 20%.

Com essa métrica, você compromete 70% da renda com assertividade e sob pouca margem para desperdício, já que os outros 30% também têm destino certo.

No lugar da prestação de um carro que não cabe no orçamento ou um aluguel aquém das possibilidades, invista em futuro. Não há retorno mais garantido do que investir em si e na família.

Observe que a sugestão dos percentuais pode ser moldada conforme sua idade, realidade, necessidades e preferências. Eu utilizo esses percentuais, porque se encaixam ao meu estilo de vida e à idade que tenho. Posso atestar que funciona muito bem e vivo sem privações. Mas, se você é bem jovem, por exemplo, mora com os pais e não precisa de uma margem tão generosa para o bem-estar, nada o impede de investir 80% dos ganhos.

Ao se policiar com tanto esmero, só uma pessoa vai gostar menos de você: o gerente do banco, que vai sentir falta do seu nome no relatório diário dos clientes que estão na berlinda do cheque especial e do cartão.

Para finalizar, tome cuidado com a teoria dizimista. Reservar 10% da renda principal é pouco para quem deseja um futuro de independência financeira. Caso prefira adotar esse modelo, minha dica é que você procure poupar 100% da eventual renda extra que conseguir. Outro ponto crucial é construir um colchão financeiro, suficiente para possibilitar autonomia financeira por, no mínimo, seis meses. E, adequando as despesas essenciais, o colchão pode durar até 12 meses.

Sem esse colchão, a pessoa fica descoberta e vai bater na porta do banqueiro, assim que se ver desempregada ou com uma despesa grande e imprevista. Isso explica o altíssimo número de brasileiros endividados.

"Ah, mas não sobra nada mensalmente". – dirá um ou outro leitor e, como eu entendo, vou deixar um conselho: não radicalize.

Evite decisões do tipo "a partir de agora, vamos cortar tudo o que é supérfluo". Se essa estratégia funcionasse, quem precisa emagrecer, só fecharia a boca. Não é bem por aí. A coisa toda deve ser gradativa. Procure sangrar no percentual do bem-estar, sem traumas. Caso trabalhe em regime CLT, qualifi-

METODOLOGIA STARTUP VILLAGE

que-se para receber promoções e reajustes salariais e se isso não for possível, comece a pensar em procurar outro trabalho e deixar a empresa que não oferece perspectiva de crescimento.

Não faça como alguns, que passam 30 anos na mesma empresa, reclamando do patrão, do salário e da falta de promoção. Foi-se o tempo em que uma vida longa na empresa significava credibilidade e estabilidade para o colaborador. No século XXI, assim que fica desempregado e bate à porta de outra empresa, aos olhos do empresário que o contratará, se esse cara passou 30 anos na mesma função, em vez de estável, ele é acomodado mesmo.

De mais a mais, encontre meios para fazer algo que já sugeri: desenvolver a visão empreendedora e criar algo que faça aumentar a renda.

Lembre-se ainda do pilar das fontes de conhecimento. Ao poupar, pense que a caderneta de poupança é só mais um produto de uma cesta que pode ser vasta. Invista o seu tempo, aprenda sobre novas formas de investimento e diversifique.

CAPÍTULO 5

FONTES DE CONHECIMENTO E NETWORKING:
VIVER É RELACIONAR-SE

Fernando Godoy

Mais importante do que atualizar-se constantemente é primeiro recuar e ter a plena consciência de que é necessário aprender a desaprender.

Muitas coisas que aprendi ao longo da vida, na época, imutáveis, caíram por terra. Outras nem tanto, mas, com certeza, sofreram ou sofrerão severas adaptações.

Num mundo de incertezas, devemos buscar constantemente novas fontes de conhecimento, pessoas, mentores, cursos e leituras diárias.

"É INADMISSÍVEL PARAR NO TEMPO OU ACHAR QUE SABE TUDO O QUE DEVERIA PARA A SUA VIDA OU O SEU NEGÓCIO."

METODOLOGIA STARTUP VILLAGE

Recentemente, um dos maiores empresários brasileiros, Jorge Paulo Lemman, disse numa entrevista: "Eu me sinto um dinossauro apavorado". Se Lemman, dotado da inquestionável capacidade intelectual, gestor implacável e muito bem articulado admitiu isso, é fato que todos nós temos que nos adaptar. Essa necessidade passa pela educação.

Há muito conteúdo riquíssimo, disponível *online* e boa parte da cultura do mundo, que reúne informações de primeira linha, é totalmente gratuita. Portanto, não há justificativa para não querer aprender algo novo.

Eu dedico diariamente, cerca de duas horas entre leitura ou realização de algum curso *online*. Aos finais de semana, aumento a carga para três ou quatro horas. Acredito que estamos vivendo um momento único sobre o conhecimento, com várias tecnologias e formas disponíveis.

É importante relembrar que somos "a média das cinco pessoas com quem convivemos". Se você vive com pessoas negativas, desestimuladas ou preguiçosas...

Vou deixar que as reticências sugiram onde você vai parar. E espero, é claro, que busque conviver com pessoas alegres, positivas e experientes. Procure ter um ou mais mentores que auxiliarão nessa jornada. Além do mais, eu tenho como regra conhecer ao menos duas novas pessoas por semana. Não estou falando do novo cliente que você visitou durante uma visita comercial. Peça aos seus amigos que apresentem pessoas que realmente vale a pena conhecer. Marque um almoço ou um café.

Quando você conhece um novo semelhante, o seu cérebro faz automaticamente três perguntas: se a pessoa é honesta, competente e se pode ajudar. Porém, esses três crivos não serão respondidos em cinco minutos e talvez vários encontros sejam importantes para decifrar quem está diante de você. Ao menor sinal de perigo ou reprovação em algum destes três elementos, você vai "rotular" essa pessoa. Lembre-se que ela fará a mesma análise sobre você. Assim, quando conhecer uma pessoa nova, vá com o espírito livre, sem segundas intenções ou o pensamento fixo de tirar algum proveito da nova relação. Troque experiências, escute com atenção o que ela tem a dizer e mais importante: seja você mesmo. Se a pessoa for honesta e competente, caso um dia você precise dela, isso ocorrerá de forma natural. E a recíproca é verdadeira. Se um dia você ajudá-la, não espere nada em troca.

METODOLOGIA STARTUP VILLAGE

Saber se relacionar é uma das maiores habilidades que você pode dominar. Invista tempo em novos conhecimentos e melhore a sua relação com as pessoas, tanto as novas quanto as do passado.

Narrei uma boa parte de minha jornada empreendedora e para fazer jus ao tema, reservei o resultado das fontes de conhecimento e *networking*. Ou seja, vou mostrar, na prática, como é positiva a busca por novas informações que "atualizem o *software*" do empreendedor.

Já sabemos que somos empreendedores por fora. Antes de entrarmos em outras questões estratégicas, é razoável embarcar numa pequena imersão rumo ao que somos por dentro, para avaliar se a nossa carapaça empreendedora está firme. A análise fará toda a diferença para empreender, pois os negócios são sustentados por decisões e essas, por sua vez, derivam de decisões lógicas e emocionais.

Agora que você se dispõe a meditar, reflita que a viagem interior permite analisar, principalmente, nossas fraquezas. Em algum momento, concluímos que é necessário mudar algo dentro de nós, se quisermos evoluir de verdade. Esta avaliação consiste em admitir para si os seus pontos fracos, reconhecer os erros e permitir um redesenho, uma nova forma de viver.

Falando assim, parece fácil, eu sei. Mas, gostaria que você se presenteasse com um momento em frente ao espelho e começasse a refletir sobre as inúmeras vezes em que errou e admitisse, em voz alta, olhando para o espelho. No começo, talvez fique meio tímido e até pense que foram pouquíssimas as ocasiões em que errou.

Quando você começa a desenterrar as atitudes do passado, digamos assim, não tão exemplares, é que toma a dimensão de quantas vezes pisou na bola com várias pessoas, passando por ações infantis ou injustas. Ao fazer este exercício, você começa a ter uma noção real de quem foi até agora, independentemente do grau de intensidade e frequência, e se permite abrir uma nova janela, de onde pode ver de forma mais clara onde tem errado e o que não quer ser ou fazer daqui para a frente. Ao final, vai parecer que tirou um fardo enorme dos ombros e está pronto para acelerar a vida.

A inveja é um grande exemplo de sentimento que permeia a vida do ser humano, porém um baita tabu

METODOLOGIA STARTUP VILLAGE

(a religião estigmatizou a inveja, de modo que as pessoas até evitam pensar nela). E, de fato, é um dos males da humanidade. Atacamos as pessoas não pelas falhas, mas por suas virtudes.

Obter o sucesso, em qualquer área de atuação, prevê trabalho duro, com consistência. Exige ter corrido atrás da sua ambição (aproveitando, ter ambição é muito positivo) e ter lutado bravamente.

Comece você a dar o exemplo, apoiando e aplaudindo quem chegou lá. Quando você se sente verdadeiramente feliz por uma pessoa que conquistou algo, entra na trilha certa da evolução moral. Do contrário, é importante parar e refletir o motivo de ter adotado, ainda que provisoriamente, o sentimento negativo da inveja. Geralmente, é porque gostaria de estar no lugar da pessoa. Neste caso, além de apoiar e aplaudir, é bacana se aproximar da pessoa e tentar entender, através do sentimento positivo de admiração, como ela chegou lá. Quais foram as dificuldades e quais seriam os conselhos dela.

"COMPREENDIDA, A INVEJA É SUBSTITUÍDA POR UM SINCERO DESEJO DE APRENDIZADO E EVOLUÇÃO."

Sem inveja, abrimos espaço para a evolução moral, objetivo central da vida de todo ser humano. Durante a jornada empreendedora, vamos nos deparar com inúmeras situações e testes que colocarão nossa moral à prova. A cada dia, seremos pessoas melhores do que fomos ontem e tentaremos evitar, a qualquer custo, todos os deslizes. Enfim, se a inveja tem cura, eu não sei. Mas que a evolução moral é um banho preventivo capaz de impedi-la, disso não tenho a menor dúvida.

Todo empreendedor deve mudar sua percepção, parar de pensar em ganhos mensais e fazer planejamentos com o olhar fixo na próxima década. Por isso, a expressão mudar deve fazer parte de seu dia a dia, como se mudar fosse uma rotina (veja o paradoxo disso).

As pessoas confundem zona de conforto com familiaridade, se acostumam com as situações do cotidiano, quer seja em casa, no trabalho ou com os amigos. Por mais que tudo esteja ruindo, se veem tão familiarizadas com a situação, que fica difícil assumir qualquer processo de mudança.

O brasileiro, muito criativo, tem muitas definições para a incapacidade de mudar cenários que poderiam levá-lo ao próximo estágio da evolução empreendedora:

METODOLOGIA STARTUP VILLAGE

"Vamos levando!" – levar o que para quem ou para onde?

"Tá ruim, mas está bom!" – que reflexão confusa e pessimista é esta?

"Fazer o quê?" – nada, quem pergunta isso não pretende mudar uma vírgula.

"Tô matando um leão por dia!" – e ninguém o avisou que é crime dizimar a fauna?

"Tô na luta." – e se não mudar essa perspectiva, vai brincar de MMA empreendedor por muito tempo, enquanto a vida exerce a magia do tempo.

Para mudar, é necessária uma visão íntima mais enfrentadora, lembrando que a luta será sangrenta, pois a adversária é a própria pessoa indisposta a mudar e convenhamos: às vezes, sobretudo quando estamos familiarizados demais com a situação, a sensação é de que seria melhor enfrentar uma fera no Coliseu do que encarar uma mudança íntima.

No fim, descobriremos que, para mudar, é importante superar a cultura do medo, sem a qual toda mudança será passageira e insustentável.

A cultura do medo está em nossos pensamentos e também é imposta pela sociedade, sob o formato de pressão. E se não é nada bom familiarizar-se com a zona de conforto, imagine entrar na zona do medo.

"NO UNIVERSO EMPREENDEDOR, O PRIMEIRO MAIOR MEDO, IMPERATIVO E ONIPRESENTE, É PERDER DINHEIRO. O SEGUNDO MAIOR MEDO É PERDER TEMPO. E O TERCEIRO, SEM DÚVIDA, É O MEDO DE FRACASSAR."

Eis a solução: quando começamos a nos testar, a encarar novos desafios, ultrapassamos a zona de conforto e com a zona do desenvolvimento no radar, empurramos para longe a zona do medo. Sim, entre esses dois extremos, conforto e medo, está a zona do desenvolvimento, praticamente invisível para muitas pessoas.

Finalizando a imersão que propus, passamos pela terceirização da culpa, uma das ações mais constantes do ser humano.

Como se fosse a bola que um zagueiro chuta para se livrar do ataque iminente, jogamos a culpa em nosso chefe, no colega de trabalho, na pessoa amada, no governo, nas frequentes altas do dólar, no centroavante

METODOLOGIA STARTUP VILLAGE

que perdeu o pênalti, nos livros de autoajuda, que não ajudaram em porra nenhuma, no professor que não explicou direito o que caiu na prova. Geralmente, temos o dedo indicador prontinho para ser apontado na direção de alguém, assim que algo dá errado.

Se algo deu errado, significa que a pessoa foi atingida ou prejudicada. Se teve a sensação de que foi prejudicada, é porque nutria alguma expectativa. Atente-se ao fato de que a expectativa superestimada, em um grau muito alto, é proporcional ao tamanho da frustração que o futuro há de gerar.

Em dado momento, movida pela vida e calejada pelos tombos, a pessoa cresce, evolui, começa a entender que se algo ou alguém a prejudicou, foi pura e simplesmente pelo fato de que permitiu e a responsabilidade, única e exclusivamente, é dela.

"É QUASE UMA FÓRMULA MATEMÁTICA: A CULPA É IGUAL AO RESULTADO DA SOMA ENTRE QUEM NUTRIA A EXPECTATIVA E QUEM NÃO CONSEGUIU. LOGO, CULPA = A PRÓPRIA PESSOA."

Por isso, se queremos assumir a postura de uma vida empreendedora, vamos parar de reclamar dos outros, de ter inveja, de nos familiarizar com situações indigestas que deveriam mudar e, sobretudo, de permitir que o medo protagonize as decisões, os sonhos e a sua história de vida.

Estamos prontos para continuar. Como aprendemos um pouco com cada pessoa, acabamos de investigar comportamentos importantes, que fazem parte das fontes de conhecimento, cruciais para abrir espaço neurológico a outras ideias.

E, de volta à jornada, com muitas fontes de conhecimento na mala, desembarquei de volta ao Brasil, com *cases* a narrar, que envolviam o trabalho desenvolvido em empresas como Fox Kids, Universal Studios e Sony. Escrevi um livro ilustrado sobre animação gráfica, que acompanhava um *CD-ROM*. A obra encabeçou a lista dos mais vendidos do Estadão, na época.

Portas se abriram. De início, recomecei a minha vida no Brasil, em Piracicaba, minha cidade natal. Os clientes foram chegando e aquele simpático município de 300 mil habitantes ficou estreito para a empresa.

METODOLOGIA STARTUP VILLAGE

Um novo investidor apareceu e comprou a parte do meu sócio. Busquei em Sampa a continuidade do eterno xadrez corporativo. Sim, isso mesmo. O jogo bem jogado não tem fim. Com as fontes de conhecimento que eu trazia dos EUA, estava na vanguarda brasileira em relação aos avanços tecnológicos. Não tardou nada e prêmios foram conquistados, clientes surgiram de todos os lados. Nossa empresa estruturou, por exemplo, o primeiro portal de *e-Procurement*.

Os quatro anos maravilhosos nos EUA se repetiram por mais quatro anos no Brasil. Contava com 40 pessoas para atender aos clientes e tudo caminhava muito bem.

No início dos anos 2000, eu queria criar algo inovador por aqui, e tinha como modelo o gênio que me inspirou desde os 14 anos, quando tive o meu primeiro *Mac*. Sem receio de ser interpretado como arrogante, cheguei a pensar:

"Com o conhecimento que tenho, se me esforçar muito, talvez eu possa construir algo tão grandioso no Brasil como Steve Jobs construiu nos EUA."

Esse era o meu sonho. E, por aqueles dias de recomeço em São Paulo, acho que o pensamento de Deus foi mais ou menos assim:

"Esse cara tá achando as coisas muito fáceis. Vou dar uma dificultada!"

Em 2003, a separação do primeiro casamento foi um trauma. Da convivência diária com os filhos, restou a visita quinzenal. A empresa quebrou e ingressamos para um divórcio litigioso.

O patrimônio conquistado foi se dilapidando, comecei a perder clientes e vivenciei quatro anos de um inferno astral. Eu tinha conhecimento e vanguarda, mas o negócio de *Internet* é dinâmico e começaram a surgir concorrentes. Com o aspecto emocional abalado, faltava-me força para fazer frente ao assédio desses concorrentes, me concentrar e fazer a empresa vingar.

Exceto pelas roupas, o que eu acumulei em bens e patrimônio se foi. Desesperado, me vi fazendo algo que jamais havia feito até aquele dia: preparando o meu currículo. Estava disposto a encarar a realidade e partir da condição de empresário a colaborador.

Antes que as coisas voltassem aos eixos, para agravar ainda mais aquele período nebuloso, perdi o meu pai justamente no marcante dia dos pais. Estava falido e sem pai. Passei o dia inteiro no sofá, inerte, na mesmíssima posição.

METODOLOGIA STARTUP VILLAGE

Passada a dor inicial do luto, pensei:

"Entro em depressão ou vou lutar para vencer de novo. Não existe uma terceira opção!"

Os altos e baixos me fizeram refletir sobre outra questão crucial:

"Exceto pela morte do pai, que eu não teria o poder de mudar, o que fiz, até agora, para chegar ao exato ponto em que estou?"

A resposta surgiu dos labirintos da inconsciência ou de outro plano:

"Preciso cuidar da cabeça ou vou sucumbir!"

Havia ganho peso, algo inédito para mim, que sempre vivenciei a condição de atleta. E foi aí que começaram a surgir os pilares, hoje organizados e apresentados a você. Posso dizer que a metodologia me salvou de muitas formas. Passei a refletir nos passos dados para lidar com aqueles altos e baixos, sem me deixar vencer.

Concluí que, em tempos prósperos, eu me alimentava bem, praticava esporte (nunca deixei de jogar futebol), meditava e cumpria, de forma inconsciente, cada passo que hoje, bem consciente, entrego a você: a metodologia *Startup Village*.

Naqueles idos, o amigo Newton foi fundamental. Dos pontos de vista espiritual e profissional. Não apenas me ajudou a superar a dor do luto, como me disse:

— Fernando, conheço uma empresa que está procurando um executivo com o seu perfil. É pequena, mas tem muito potencial e o gestor antigo não rendeu. O dono tem outros negócios e está procurando um sócio que se responsabilize e garanta algum lucro. Você topa?

— Estou topando qualquer coisa. Preciso de trabalho! – respondi, com sinceridade.

Estávamos em 2008. Combinamos meta e participação nos lucros, de modo que a responsabilidade era totalmente minha. O meu sócio dava "pouca bola" para a empresa. Se eu gerasse algum pró-labore e não trouxesse problemas, para ele já estaria bom. Aceitei o desafio. Fiquei responsável por gerir aquela empresa do setor de locação de mão de obra que, no futuro, seria a Zênega (apresentei a você como parte da Gaia Hyper).

Na ocasião, "coincidentemente" ou "por sorte", como dizem alguns, surgiu o projeto de uma renomada concessionária de telefonia, que visava instalar *Internet* nas escolas públicas. Da noite para o dia, de 40 colaboradores que prestavam serviços para a concessionária, precisaria duplicar o *headcount* para atender ao projeto das escolas.

Encarei, contratei os profissionais e me preocupei muito. De imediato, precisava pagar os benefícios e garantir dinheiro, no mínimo, para duas folhas de pagamento, até ver o investimento dar retorno financeiro.

A empresa era pequena e, particularmente, eu não tinha patrimônio para oferecer como garantia, a não ser um fiel cachorro e um terapêutico contrabaixo.

Recorri ao amigo que me indicou. Ele cedeu um valioso conselho: apresentar o projeto para alguns gerentes de banco (veja como as fontes de conhecimento e *networking* são valiosas).

No "fio do bigode", nos "acréscimos da prorrogação", uma das instituições financeiras aprovou o projeto.

— Aprovei o empréstimo porque confiei em você e confio no seu amigo que o indicou, porém acho que nunca mais eu arriscaria de novo. Espero que não me decepcione! – disse o gerente da instituição.

Fez bem em confiar. Em seis anos, a Zênega empregaria, a partir do voto de confiança daquele bancário que liberou um primeiro empréstimo, o impressionante número de mil colaboradores.

Convidado a participar da prestação de serviços ao setor público, de início, me posicionei com relutância. Nunca havia participado de nada ilícito e me recusaria a participar. Como a fama de corrupção precede o setor público, hesitei e escutei daquele mesmo amigo que me indicou para a vaga executiva:

— Fernando, o ilícito você vai encontrar na coisa pública e no privado. Mire nos processos licitatórios limpos e você vai conseguir bons trabalhos para a Zênega.

Outra vez, o conselho foi sábio. Participamos de uma licitação que visava zelar 400 telecentros e fazer a manutenção nessas *Lan Houses*, para o público de baixa renda. Era a inclusão digital chegando em todas as classes sociais. Ficamos em segundo lugar. Poucos meses se passaram e a empresa vencedora do certame faliu. Fomos convidados a assumir o contrato e aceitamos. Por cinco anos, gerenciamos esses telecentros. Em seguida, vencemos licitações na Polícia Federal, no Tribunal de Contas da União, na Receita Federal e na Prefeitura Municipal.

Quando a crise nos setores público e federal começou a gerar inadimplência, decidimos frear os esforços e retirar o foco do segmento. Mas, algo deve ser narrado para que você tenha o direito de fazer diferente de escolher entre ser *workaholic* ou pegar leve: no momento em que as coisas estavam caminhando bem e os dias estiveram mais auspiciosos, a saúde física cobrou a conta pelo meu comportamento *workaholic*.

Depois de quatro idas ao hospital, com o corpo dolorido e uma fraqueza que não se explicava, um exame mais minucioso descobriu Hepatite tipo A e fui internado. Na ocasião, o médico não deixou dúvidas.

— Hoje é sexta-feira. Se até domingo, os índices de seu exame de sangue não melhorarem, você vai entrar na fila do transplante. Aí é que está o grande problema: você não vai ter tempo para esperar por um órgão. Então, se até domingo os seus índices não abaixarem, acho que você entende o que eu estou querendo dizer, correto?

Olhei para o médico, balancei a cabeça positivamente e ele complementou:

— Cara, veja o que você quer fazer. Se há alguém para telefonar, faça isso!

Virou as costas e me deixou ali, no leito, para

lidar sozinho com a iminente possibilidade de morrer. Telefonei para a esposa anterior, mãe de meus filhos. Ambos choramos e pedi que, por enquanto, não contasse às crianças ou a ninguém. Na ocasião, eu já havia me apaixonado pela minha futura (e atual) esposa, porém senti que precisava contar para a mãe dos meus filhos. Eu pensava o seguinte: "Se eu morrer, quero que ela diga para as crianças que tive a coragem de avisar sobre a minha eventual partida."

No sábado pela manhã e à noite, os índices aumentaram, o que sugeria a morte. No domingo, os números empataram, mas a motivação do médico estava estabilizada.

— Fernando, eu não sei se a estabilidade do índice ocorreu por ter chegado ao limite ou se o seu corpo está reagindo naturalmente. Amanhã, saberemos melhor. Por enquanto, já é algo positivo a se considerar.

A tradução e compreensão emocional de suas palavras foi a seguinte:

— Fernando, amanhã eu sentencio se você vai viver ou morrer.

METODOLOGIA STARTUP VILLAGE

Fiquei 15 dias internado. O índice só voltou ao normal oito meses depois. As frituras foram cortadas e o álcool também, embora eu bebesse bem menos do que socialmente. Diversas guloseimas também foram suspensas da dieta. Mas, estava vivo e isso era o mais importante.

O médico recomendou, ainda, redução do número de horas trabalhadas. E confesso que foi mais difícil cortar álcool, frituras e doces, do que reduzir a jornada *workaholic*. Sei que muita gente vai entender e até concordar com essa afirmação. Algumas pessoas, e me incluo nesse grupo, têm ideias para melhorar ou estruturar algo novo, além das padronizadas oito horas por dia.

Não estou defendendo como saudável e tampouco sugerindo que o leitor assuma uma diária jornada *workaholic*, porém afirmo que entendo aqueles que não conseguem desacelerar. Não é nada fácil. Reduzi bem as minhas atividades, principalmente depois que a saúde cobrou a conta. Hoje, invisto somente 12 horas diárias de trabalho.

Seja você *workaholic* ou um mais flexível gestor do tempo, saiba que a conquista do sucesso não depende só disso. Trabalhar muito ou pouco faz a diferença, porém não representa a única diferença. É mais um elemento a contribuir ou prejudicar, tudo depende da dose, assim como o remédio e o veneno, que nossos avós compreendiam tão bem. É claro que a disruptura também está formando um novo tipo de vovó, aquela que, em vez de acumular velhas tradições, vai buscar soluções contemporâneas na *Internet*.

Para concluir, se as horas trabalhadas não representam um fator determinante para o sucesso empresarial, outro elemento faz, o altruísmo. Quanto mais disposição, atitude e empenho para se doar a um projeto que gera inclusão, igualdade e protagonismo aos mais necessitados, maior o retorno, sob diversos pontos de vista.

O mundo dos negócios não pode explicar isso. Eu não posso. Ninguém pode. Mas, que é assim, não tenho a menor dúvida. Faz muito bem fazer o bem. Enquanto experimenta o próximo pilar da metodologia, conheça um pouco disso...

CAPÍTULO 6

TRABALHO EM EQUIPE:
O ATALHO DO SUCESSO EMPREENDEDOR

O trabalho em equipe faz os empreendedores atingirem o objetivo com mais rapidez, aprimora e acrescenta novas competências. Mas, para dar certo, alguns critérios precisam ser preenchidos:

• Todos os envolvidos precisam caminhar rumo ao mesmo objetivo;

• Todos devem desenvolver visão e foco a longo prazo;

• Todos devem estar disponíveis uns aos outros (vide *case* Barcelona);

• Todos precisam saber que o respeito é imperativo.

Eis a respectiva razão para cada critério:

• Pessoas com objetivos variados são como quebra-cabeças incompletos;

METODOLOGIA STARTUP VILLAGE

- Pessoas imediatistas não conseguem acompanhar o raciocínio empreendedor;
- Pessoas indisponíveis podem lidar com *softwares*, mas não com o semelhante;
- Pessoas desrespeitosas e empreendedorismo, misturados, são água e vinho.

Como se pode imaginar, com critérios tão importantes, o recrutamento e a seleção dos talentos de sua equipe têm papel central.

Para ilustrar este pilar da metodologia, escolhi dois personagens marcantes, um refugiado de guerra (não posso revelar o nome); um ex-morador de rua, que se sagrou campeão, chamado Robert Hare; um grupo de detentos que usaram o trabalho em equipe para fazer o bem; e também selecionei o comovente projeto Spirit of Football, nossa ONG. O critério dessa seleção foi bem simples: os personagens e o projeto da ONG só tiveram sucesso e destaque mundial, porque fizeram a leitura de que o trabalho em equipe é a mola propulsora do êxito. Vamos começar pela ONG:

O espírito de futebol pode mudar o mundo. Já observou como as pessoas se comovem quando um atleta ou um time inteiro demonstram o *fair play*, aquela atitude nobre, de desapego, que às vezes até prejudica quem a adota, mas oferece lisura, honestidade e justiça ao time oponente?

Durante a fase de recuperação da saúde, assumi a ONG inglesa Spirit of Football, advinda de uma ideia: em 2002, uma dupla de mochileiros partiu, de sua terra natal, à Inglaterra, com uma bola de futebol.

Estavam dispostos a rodar o mundo. Partindo de um parque londrino, pretendiam chegar ao Japão, para falar sobre questões ligadas a evolução do futebol, visando, principalmente, usar o esporte como ferramenta de inclusão, cidadania e igualdade entre os povos.

Adotei a ideia e me responsabilizei pelas atividades da ONG no Brasil, depois de entendê-la como um verdadeiro legado. Em cada copa do mundo, a bola da Spirit of Football roda o mundo. Quem as leva nessa jornada, joga futebol com os visitados, ministra uma palestra para divulgar a ONG e, por fim, coleta a assinatura de pessoas, tanto anônimas como famosas, encontradas pelo caminho. É a expressão genuína do trabalho em equipe...

No Brasil, por exemplo, vários atletas e treinadores dos maiores clubes fizeram e ainda fazem parte da ini-

METODOLOGIA STARTUP VILLAGE

ciativa. De Messi a moradores de rua, de Zico a operários, de Romário a jogadores com limitação física, do técnico Tite ao zelador do estádio, todos assinam, participam e eternizam a ação. Sem julgar lugares melhores ou piores, a proposta é fazer a ONG atingir o maior número de pessoas. Inclusive, a bola fez uma incursão no Presídio de Franco da Rocha, onde jogamos contra o time dos detentos e colhemos a assinatura deles. Mas, quem disse que foi fácil? Vou contar a história a você...

Eu cumpri a viagem com a bola da ONG, inclusive na companhia de meu filho, João Pedro, e a experiência transformacional é incrível. Dirigimos da Inglaterra até a Escócia, depois Bélgica, Alemanha, Suíça, Itália, França, Espanha e Portugal, numa riquíssima experiência entre pai e filho. No trecho inteiro, foram 30 dias convivendo apenas com pessoas do bem, pela Europa.

Num dia, estávamos no famoso Anfield, estádio do Liverpool, ou em colégios ingleses, lidando com crianças de terno e gravata, motivadas e felizes. No outro, a ONG adentrava os portões de orfanatos ou das instituições de amparo a moradores de rua e refugiados de guerra. Nesses outros lugares, um fator era recorrente: o semblante triste.

Ainda que por um fugidio momento, o sorriso dessas pessoas em contato com a bola que viaja pelo mundo, se fazia valer. Ficávamos com a passageira sensação de que estavam tão felizes quanto as crianças de Liverpool. Porém, difícil mesmo, era olhar para o espelho retrovisor, pois sabíamos, intuitivamente, que o sorriso desapareceria assim que a bola partisse.

O tema carência não é restrito ao Brasil. A diferença é que conhecemos a maior parte de nossas mazelas sociais, enquanto as mazelas do mundo raramente são noticiadas. Em Heliópolis, montamos *Lan houses*, ministramos palestras, jogamos futebol, levamos dentistas e, por quase dois anos, a ONG esteve com a bandeira firme naquele instável território, zelando por 850 crianças e adolescentes. Foi outro trabalho inesquecível.

O mineiro eternizou a expressão "é um pulinho" para se referir às distâncias que ele considera curtas, ainda que os turistas não considerem. A inovação e a globalização reforçaram a percepção de percurso dos mineiros. As distâncias parecem mais curtas para cruzar os oceanos e partilhar experiências. Em Portugal, fui ministrar uma palestra para refugiados de guerra e o organizador me contou a história de um dos presentes na audiência, o outro personagem que prometi apresentar, refugiado de guerra:

— Um dos caras que vai estar na plateia, aos 12 anos, residia numa tribo africana. Os rebeldes dizimaram o vilarejo e assassinaram os pais do garoto, na frente dele. Escondido num buraco, ele testemunhou o assassinato de todos. Dias depois, uma organização encontrou o garoto desnutrido, quase morrendo e o levou para a Europa. Foram anos de compreensível rebeldia e revolta. O menino aprontou um pouco, fez coisas erradas, e um dia percebeu que merecia uma vida digna, se transformando em um dos melhores coordenadores do projeto de futebol que tocamos por aqui.

— Eu posso conhecê-lo, conversar com ele após o evento? – perguntei, ansioso.

— Fernando, antes de começar o jogo, você vai falar sobre a *Spirit of Football*. Preparamos o telão, vai ser bacana. Só não sei se vai haver tempo para vocês conversarem.

Quando o garoto passou por mim, não resisti.

— Eu soube de sua história. Lamento muito

pelo seu povo e por sua família. Você poderia me dizer o que fez você deixar os tempos de revolta e rebeldia, para se tornar um líder do esporte?

A resposta me deixou boquiaberto e com certeza, você também vai ficar. Com o forte sotaque português, ele me surpreendeu muito:

— A gratidão. Fui o único sobrevivente da vila e demorei cinco anos para perceber que havia recebido uma segunda chance da vida.

Emocionado, eu agradeci e o parabenizei. Observe, leitor, que essa experiência tanto nos ensina a valorizar as fontes de conhecimento, quanto a força do trabalho em equipe, pois os voluntários não desistiram dele.

A história desse refugiado mexeu comigo e o nome foi preservado por motivos de segurança.

Da Europa ao Brasil, emoções sempre estiveram reservadas para a ONG. E, como combinei, vou relatar a experiência com uma equipe de detentos que se reuniu para fazer o bem. Antes de deixar o Brasil, fui até a Penitenciária Nilton Silva, de Franco da Rocha. Expliquei o projeto e disse ao diretor:

— Se o senhor me permitir, quero ministrar uma pa-

METODOLOGIA STARTUP VILLAGE

lestra que pode ajudá-los no processo de reintegração. Pretendo também jogar futebol e produzir bolas com eles, que serão usadas por uma ONG, mundo afora.

— É sério? Ninguém jamais fez isso por eles. – disse o diretor.

— Eu faço! – devolvi.

Os detentos brasileiros confeccionaram cerca de 30 bolas, e no lugar de abrir um processo licitatório, como pretendia o diretor da penitenciária, a ONG se antecipou e cedeu a matéria-prima. Duas dessas bolas estão na Fundação Barcelona, outras foram para a Alemanha e assim por diante. Demos uma destinação agregadora ao serviço realizado por eles. Doamos a quem pudesse fazer a diferença no mundo. Aos detentos, o trabalho reduziu um pouco da pena, gerou um pequeno salário e aumentou a autoestima, o sentimento produtivo, a validação de ser útil em algo que pudesse transcender aquelas grades e ultrapassar o conhecido som da tranca. Mais do que bolas, os caras confeccionaram sonhos...

No dia da palestra, ergui a bola ao ar e disse:

— Essa bola que vocês produziram é importante para caramba. A bola que está em minhas mãos será enviada para crianças carentes na Alemanha, que estão esperando uma adoção, um milagre que as retire da Instituição. E outra bola de vocês foi parar num time que o mundo inteiro conhece. Deem uma olhada neste vídeo:

Com a sala toda apagada, apertei o botão play para o vídeo que você pode acessar aqui, em realidade aumentada:

METODOLOGIA STARTUP VILLAGE

Na tela, os atletas do Barcelona assinando a bola confeccionada pelos detentos de Franco da Rocha. Quando as luzes se acenderam, estávamos diante de homens truculentos, em débito com a sociedade, pagando pelos crimes um dia cometidos. Mas ali, naquele diminuto instante, eram apenas cidadãos emocionados.

Um deles, às lágrimas, chegou até mim e disse:

— Cara, obrigado. Ninguém jamais me disse que eu era importante!

Jogamos futebol outras duas vezes. Dentro daquele alto muro, éramos todos cidadãos do mesmo país, unidos pelo futebol.

No futuro, esse rapaz deixou o presídio e se tornou artesão. Coisas da vida. Coisas do altruísmo. Coisas do mundo dos negócios. Sim, isso mesmo. Como eu disse, quanto mais ajudamos, como empresários, maior ajuda recebemos, pela lei do retorno. Não se trata de religião e nem faço qualquer proselitismo. É quase uma lei natural...

Com tantos casos envolvendo o inspirador espírito de equipe, precisamos pensar sobre o motivo que impede as pessoas de alcançarem o sucesso. Em palestras pelo Brasil e por outros continentes, todos têm a definição do que é o sucesso. Quando a pergunta é mais contundente, o bicho pega: por que as pessoas não têm sucesso?

Surge uma enxurrada de desculpas:

"Faltou dinheiro!"

"A infância foi difícil e não tive a oportunidade de estudar nos melhores colégios!"

"Não dei sorte!"

"Fui injustiçado!"

"A vida não foi fácil!"

No lugar das desculpas, costumo dizer que a melhor estratégia é fazer uma espécie de pacto íntimo, com o propósito de jamais reclamar do sucesso alheio ou lamentar pelo próprio insucesso.

Limpar a mente, definir objetivos, monitorar o alcance, criar e executar um plano de ação. Por mais que pareçam lições básicas de *coaching*, representam a semeadura vital do caminho empreendedor. Sem isso, a pessoa faz tudo de qualquer jeito e pode até vencer, mas vai demorar para caramba, a um preço que talvez a faça desistir pelo caminho, decepcionada.

METODOLOGIA STARTUP VILLAGE

Pode parecer surpreendente, mas é uma realidade característica recorrente entre nós brasileiros: a ausência de objetivos que envolvam curto, médio e longo prazos. Pior do que isso é ver alguém dizer que tem "um" objetivo de vida.

"Assim que realizar, já pode morrer?"

Quer mudar de emprego, de casa, parceiros, clientes, de fornecedores, colaboradores, de vida? Neste caso, a letra "deixe a vida me levar, vida leva eu" pode ficar nas rodas de samba, no microfone do pagodeiro ou no som do seu carro, contanto que não esteja no único lugar em que não será bem-vinda: a sua vida.

Se o hábito de colocar esses objetivos no papel é algo retrógrado para a compreensão dos leitores, vale dizer que a caneta não morde. Sou antenado com a tecnologia e defensor das inovações, mas não dispenso a caneta quando o assunto é incorporar objetivos, dado o poder neurológico que existe em escrevê-los.

O alicerce de uma casa funciona bem, porque contou com o objetivo que nasceu bem antes do projeto. Os pilares da metodologia *Startup Village* se assemelham e precisam dos dados, como todo computador precisa do programa.

Eis aí o caminho: programe-se, tenha objetivos definidos, limpe a mente, não dê desculpas, não reclame do sucesso alheio, atente-se aos critérios para o trabalho em equipe bem realizado, pense em sua construção e aí sim, você estará pronto (a) para a metodologia e habilitado (a) para a alta *performance*, como estiveram todas as pessoas que têm exemplificado este capítulo.

"O EMPREENDEDOR SEM ALTA PERFORMANCE É COMO O PEIXE DE BARBATANA CURTA. PODE ATÉ NADAR, MAS CORRE MAIOR RISCO DE SER ENGOLIDO EM MENOR TEMPO."

Se a alta *performance* é o endereço colocado no GPS, tenha a certeza de que o foco é o principal e melhor caminho. Em todas as empresas que tirei o foco, tive problemas. Quando quebrei, o foco estava em muitos lugares, menos onde deveria estar. Não adianta vir com aquela conversa de vida pessoal e vida profissional, ou com o clássico argumento de que separa uma da outra. Na prática, uma é ramal da outra.

O mesmo vale para a rotina. Se você, assim como eu, detesta rotina, contrate quem faça, mas não pense que o dia a dia de empreendedores é uma

METODOLOGIA STARTUP VILLAGE

sequência criativa que dispensa processos e métodos. Custou muito para que eu entendesse essa necessidade. Contudo, se eu sofri com isso, posso antecipar, para que você zele pelo assunto.

Ao longo do tempo, aprendi que é importante criar uma rotina, ter disciplina para cumpri-la, paciência e, principalmente, fazer coisas que gerem resultados acima da média. Isso é possível com uma alimentação melhor, mais leitura, mais exercícios, analisando ou buscando algo que poucos estavam olhando. Inclusive investimentos.

Cheguei a me surpreender quando percebi que administrava empresas de inovação, *Internet* e telecomunicações, além de uma cervejaria, uma ONG. Fazia mentorias, investia em *startups* e controlava a *holding* do grupo. Em princípio e em tese, eu cuidaria das questões estratégicas de todos esses negócios. Na prática, os problemas operacionais brotam e como gestor, antes da metodologia *Startup Village*, eu não conseguia me dissociar. Não é à toa que adoeci, e você não precisa ficar doente.

Como todo evento negativo gera um aprendizado e uma oportunidade, adoeci. Porém desenvolvi uma metodologia preventiva, estratégica e objetiva, que testei e aprovei, de maneira que hoje sou um empreendedor saudável e livre de estresse.

Atente-se para uma contratação-chave em cada tarefa. Nos tempos de erros recorrentes, eu tentei focar em tudo e descobri que não focava em quase nada, até trazer um sócio disciplinado pelo foco, que resolveu os problemas. Percebe a força do trabalho em equipe?

"A HUMILDADE DE RECONHECER UM GAP E CONTRATAR QUEM POSSA PREENCHÊ-LO É MAIS SAUDÁVEL AOS NEGÓCIOS E A QUEM EMPREENDE."

O entusiasmo, outro ponto de alta relevância empreendedora a ser relacionado com a metodologia, é difícil de se ensinar. Sou entusiasmado por natureza e posso dizer com muita segurança: sem essa característica, empreendedor algum progride.

Se de um lado é impossível mencionar com riqueza a sensação de um salto de paraquedas ou de uma partida de futebol ao lado de craques famosos, de outro, mencionar com riqueza o entusiasmo também é.

A questão é tão pessoal e subjetiva que pode ser interpretada de várias maneiras. Há até quem confunda entusiasmo com obrigação. Por exemplo:

METODOLOGIA STARTUP VILLAGE

"Eu acordo cedo e dou duro por muitas horas!"

"Eu sou pontual!"

"Eu entrego o projeto o mais rápido possível!"

De outra forma, quando as melhores circunstâncias se apresentam, qualquer um consegue se mexer. Para isso, praticamente não é preciso ser entusiasta:

"Hoje o dia está ensolarado e vou à praia!"

"Hoje estou entusiasmado para ir até a churrascaria e comer tudo o que me servirem!"

Essas atitudes estão longe de representar o entusiasmo empreendedor necessário para se fazer sucesso. No máximo, são obrigações cumpridas pela maior parte dos profissionais ou meros e fugazes prazeres. Vou dar um exemplo de verdadeiro entusiasmo e apresentar o derradeiro personagem que prometi.

Existe um torneio, organizado pela Street Football Word, não muito divulgado, uma copa do mundo para moradores de rua. Na Escócia, conheci o ex-morador de rua Robert Hare. Em 2012, a seleção escocesa foi para a final, na França, e Robert sagrou-se campeão.

A regra do torneio é que o atleta só pode disputar

uma edição. Dessa maneira, a organização visa engajar o maior número possível de moradores de rua.

Quando conheci Robert, ele havia deixado a rua e se tornara técnico da seleção escocesa de moradores de rua. Fiz questão de bater um papo com esse entusiasta.

— Robert, eu não quero ser indiscreto e nem preciso saber como você foi parar na rua. Mas eu gostaria de compartilhar com os brasileiros como um cara consegue deixar a rua e os seus efeitos, para chegar aqui, consagrado como jogador e técnico.

— Eu me entusiasmei com a nova chance que a vida me deu, Fernando, a ponto de superar os problemas com a família, as drogas e conquistar o meu espaço.

Percebe a nobreza de nosso personagem entusiasta? Ele está correto. Por pior que seja a situação, o entusiasta a supera. Todos os dias, eu me desafio a fazer melhor, a solidificar a operação empresarial, a gerar mais empregos, a investir em outras frentes.

Sigo a vida como empreendedor entusiasta, persistente e produtivo. Por experiência e muita batida de cabeça, sei que as três competências são para os negócios o que é a mente para o corpo: indissociável.

METODOLOGIA STARTUP VILLAGE

Com essas características exercitadas, todo caminho empreendedor passa pelo exercício de contratar uma experiência que combina a arte de avaliar os semelhantes, a ciência de aproximar pessoas dispostas, sincrônicas em relação aos valores e, acima de tudo, com afinidades no quesito estado de espírito (se você é do tipo bem-humorado e entusiasta, jamais contrate um colaborador ranzinza e pessimista, por mais genial que pareça).

Por empatia com as dores que um dia eu vivenciei, certa vez, contratei uma pessoa que enfrentava semelhantes dores. Contra os meus princípios empresariais e em favor da solidariedade, a coloquei na empresa. Não demorou e a moça estava contaminando a equipe com desânimo e desmotivação.

Note, portanto, que contratar exige tempo, bateria de entrevistas, testes e aval das pessoas envolvidas com o trabalho. Não cometa o irreparável erro de "ir com a cara", pois já o fiz e paguei caro. Lembre-se de que precisamos do melhor trabalho em equipe. A metodologia *Startup Village* não se sustenta sem esse pilar e muito menos, a minha ou a sua empresa poderiam sobreviver.

Investir em Recursos Humanos não é luxo, nem é coisa de multinacionais, como muitos pensam. Tenho uma equipe RH pronta para recrutar, selecionar e contratar. São pessoas em quem confio e sabem qual é o perfil de profissionais que o Grupo Gaia Hyper aprova.

Evite o erro cometido pela comunidade empresarial menos adepta a investir nessa frente: contratar amigos e parentes, já que são "de confiança".

Vamos supor que você seja empresário, mas calcula que não é viável ter uma equipe de Recursos Humanos e, para agravar o problema, você não tenha habilidade para contratar. Nesse caso, associe-se a uma empresa especializada em recrutamento e seleção. Terceirize aquilo que você não domina, sem o receio ou o constrangimento de admitir que não sabe. Até mesmo sob a ótica financeira da contratação, em médio e longo prazos, é mais barato assumir que não sabe do que esbravejar que sabe.

Vez ou outra, alguns me dizem que não têm tempo, que a vida é difícil, que o mercado não ajuda e que os impostos do Brasil inviabilizam qualquer chance de crescimento. Compartilho a provocação que costumo fazer, nessas ocasiões:

— As suas adversidades chegariam próximas àquelas enfrentadas por um morador de rua, um detento ou um refugiado de guerra?

Compartilhei a experiência de cada um desses heróis anônimos que aprenderam a dar a volta por cima. Eles nos mostraram, seja por aquilo que fizeram pelo próximo ou por aquilo que deles receberam, como o trabalho em equipe é fundamental para salvar uma vida, alavancar um negócio e empreender com sucesso.

Caso tenha restado alguma dúvida sobre o que é sucesso, que tal esta?

Sucesso é ter coragem de ser quem você é, de assumir as suas fraquezas como ser humano e profissional, de fazer com que um trabalho em equipe beneficie os semelhantes, numa ONG ou numa empresa, aqui ou do outro lado do mundo.

CAPÍTULO 7

A LIDERANÇA DISRUPTIVA:
O CASE FLEX NA FLÓRIDA

Considerando todas essas orientações e todos os pilares, espero ter clarificado que empreender em uma ideia que em tese é disruptiva e estruturar a *startup* dos sonhos são demandas que estão além daquilo que chamo de *power point* bilionário (não foram poucos que me apresentaram algo assim e descobriram se tratar daquilo que o garimpo, um dia, classificou como ouro de tolo).

Se a ideia é mesmo transformacional e disruptiva, o ideal é deixar o dinheiro de lado, pensar nele como consequência de longo prazo do trabalho duro e de todas essas competências que devem ser relacionadas ao passo a passo da metodologia.

O novo líder é aquele cara pronto para a inovação, adepto da filosofia de desconstruir o que sabe,

METODOLOGIA STARTUP VILLAGE

em favor de um novo e revolucionário conhecimento. Confira as características que os novos profissionais de seleção e recrutamento buscam entre os líderes disruptivos:

1) Sabe conectar todos os pontos;

2) Propõe-se a ser um laboratório vivo e testar metodologias inéditas;

3) Inclui os países e culturas distantes em suas pesquisas;

4) Entende o conceito de plataformas;

5) Sabe utilizar as inovações disruptivas a favor de seu negócio;

6) Consegue absorver o conhecimento do experiente enquanto escuta o iniciante;

7) Está aberto para o novo, ainda que essa inovação seja apresentada por um concorrente;

8) Procura entender as melhores formas de se relacionar com as pessoas;

9) Busca entender e se adaptar aos novos hábitos das gerações consumidoras, quer sejam Millenios, Geração Z ou tenta, ainda, imaginar como será a Alpha, que está nascendo;

10) No lugar de ter resposta para tudo, prioriza fazer as perguntas corretas e se mostra um grande questionador do *status quo*.

Se você nutre dúvidas sobre desenvolver carreira em uma empresa ou empreender, e quem sabe estruturar sua *startup*, saiba de algo que pode fazer toda a diferença. Não é cedo, nem tarde. O tempo de empreender é diferente do tempo de CLT.

"Eu quero empreender agora, pois já estou velho!"

"Eu estou atrasado. Meu amigo se formou antes e já construiu a *startup* dele!"

Nem um nem outro está correto. Roberto Marinho construiu o seu legado em uma experiência sexagenária. O mérito é mais importante do que o fator biológico.

Reitero a necessidade de deixar de olhar para o sucesso dos amigos e passar a contemplar o seu sucesso. E, se for para vislumbrar o sucesso alheio, observe o entusiasta que virou o jogo. Lembre-se de que os líderes disruptivos estão prontos para adotar novos hábitos e mudar tudo, quantas vezes a vida exigir, exatamente como fazem os entusiastas que não se permitem estacionar.

METODOLOGIA STARTUP VILLAGE

Em função do perfil do nosso Grupo Gaia Hyper, a inovação exerce forte influência sobre os eventos das empresas que a compõem. Muitos gestores não têm percebido o fato de que a inovação pode alavancar ou matar o negócio, a depender de como é interpretada e absorvida.

Em dado instante, defendi a necessidade de desaprender e aprender tudo de novo. Pois bem. Matei um dos meus negócios junto ao meu sócio, Marcelo Rodino, a Flex Interativa, antes que a inovação o fizesse, assumindo todo o risco, com o propósito de fazê-lo recomeçar da maneira que o mercado contemporâneo exige.

A reconstrução me fez mudar, no exercício de dois anos, as estratégias como gestor. O conhecimento que supostamente detinha estava ultrapassado e se as empresas se transformam para cumprir os requisitos da inovação, o gestor também precisa mudar. Ou será uma empresa moderna e preparada para o mercado, porém vista com pouca credibilidade, já que o mercado conhece o perfil conservador do CEO que a representa.

Fernando Godoy

A defasagem do conhecimento é natural e previsível. As palavras inovação e disruptura estão na moda e na boca dos empreendedores. Como ainda existem pessoas que imaginam esses dois temas traduzidos apenas por aquilo que acontece no Vale do Silício, ofereço três significados mais ligados ao exercício de empreender:

1) Inovar, bem mais do que fazer coisas diferentes, é a capacidade de enxergar essas coisas diferentes enquanto todos estão olhando, hipnotizados, para o mesmo lugar já explorado à exaustão;

2) Inovar é criar uma oferta nova e viável, executável, benéfica para o próprio negócio, agregadora para o mercado e destoante da utopia dos sonhadores que estão sempre com um plano infalível no radar, geralmente bom de se ouvir e impossível de se executar;

3) Inovar é prover a melhoria de processos, a redução de tempo e recursos, até fazer com que uma complexa e lucrativa ideia, por exemplo, seja executada de modo a eliminar, com rapidez, a complexidade, sem abrir mão da lucratividade.

METODOLOGIA STARTUP VILLAGE

Para simplificar a compreensão, pense que inovar não depende somente de uma grande empresa, ideia ou negócio. Sem dúvida, empresas como Google são vanguardistas da inovação, porém atitudes simples como comprar mais barato são também consideradas ações de inovação. O mesmo vale para simplificar processos, ganhar tempo, reduzir o custo de mão de obra e expandir o alcance territorial do *Market share*.

Por que, então, com tantos benefícios comprovados por empresas e investidores estabelecidos em países mais desenvolvidos, ainda se encontra certo antagonismo para inovar?

Em primeiro lugar, a nossa educação. Fomos criados por educadores analógicos e vivemos em um tempo absolutamente digital. É difícil admitir, pode doer, porém afirmo que o modelo anterior de educação (exceto pelos valores nobres) já não serve mais.

Não estou afirmando do alto da sabedoria digital. Como qualquer profissional ativo na área de inovação, tive as minhas resistências e, para vencer, precisei quebrar cada uma delas. Ou seja, somos iguais e onde você possivelmente esteja errando, eu também errei, embora hoje, com 25 anos dedicados à inovação, já esteja bem calejado.

Quanto mais analógico o pensamento do gestor, mais tempo será preciso para tornar a empresa digital, disruptiva e inovadora.

Eu levava o meu *desktop* para a UNESP, num tempo em que nem mesmo a universidade tinha computadores. Por isso, mesmo com professores analógicos, venho considerando a inovação como a grande reforma tecnológica do mundo.

Fiz o *site* do primeiro tocador de MP3, sentado com o meu chefe daquela grande empresa, William Newell, que lançava nos EUA uma tecnologia que sequer engatinhava no Brasil.

— Fernando, é o futuro. Isso vai acabar com a indústria fonográfica e ninguém está prestando atenção! – dizia ele, na época, coberto de razão.

Enquanto os DVD's imperavam no Brasil, na mochila, eu carregava o protótipo do MP3, que nascia na América do Norte. Comecei a ligar os pontos e calculei que ele estava correto.

METODOLOGIA STARTUP VILLAGE

Tim Dorsey, da Cornell University, desenvolveu o código de um *software* batizado na época de *i-visit* que funcionava, mesmo com as oscilações, como a primeira videoconferência do mundo. Um gênio que poderia ser encontrado pelos corredores da empresa, de calças *jeans* e chinelos, além de ser um cavalheiro, sempre disposto a ensinar.

— Fernando, consegui gerar a videoconferência por meio da transmissão de dados sob empacotamento, comprimindo para a câmera.

Sim, era uma câmera em preto e branco, que fazia jus ao ano de 1998, mas era uma das mais significativas disrupturas. Na ocasião, Tim me disse:

— Leve para a sua casa e faça um teste.

Obedeci e acredito que fui um dos primeiros brasileiros a fazer uma videoconferência pela *Internet*, testando a chamada com o meu irmão.

Observe que, por todos os lados, o futuro espreitava o presente, com suas açoitadas disruptivas, exigindo passagem. As coisas jamais seriam como antes. Esses caras, muito aquém de seu tempo, se tornaram meus educadores digitais e

Fernando Godoy

não há outra razão para que eu compartilhe esses eventos com você, que lê a obra, senão chamar sua atenção para o que está por vir.

Se em 1998, mudanças tão drásticas foram providenciadas pelos gênios da época, imagine no Século XXI. Antes de imaginar, tenha em mente que nós, que compomos a maioria dos brasileiros, éramos analfabetos digitais. Isso quer dizer que o grande avanço da inovação não precisa mais, obrigatoriamente, vir dos EUA, da Europa ou da Ásia. Aqui, no Brasil, estamos prontos para fazer frente ao mundo, sob a ótica da inovação.

Comparando os eventos inovadores de hoje aos do passado, conclui-se que tudo era linear e gradativo. A Era das mudanças exponenciais trouxe crescimento rápido e recorde, de modo que, da noite para o dia, registraram-se casos de empreendedores que foram dormir pobres e acordaram milionários. Isso é disruptura, é exponencial, é fora da curva de quaisquer gráficos de previsibilidade.

"QUANDO O MERCADO NÃO ESTÁ PREPARADO PARA ABSORVER UMA INOVAÇÃO, VÁRIAS EMPRESAS E ATÉ SEGMENTOS INTEIROS SÃO DIZIMADOS."

METODOLOGIA STARTUP VILLAGE

Outro fator importante prevê entendermos que o fluxo da inovação mudou do corporativo fechado e tradicional para o aberto, de pequeno porte e audacioso.

Antigamente, tecnologias consideradas eternas eram patenteadas por bilhões de dólares e ficavam restritas aos laboratórios das maiores empresas ou organizações como a NASA, por exemplo. Assim, como tudo era fechado, formava-se uma fiel cadeia distribuidora e ela dominava o mercado, diante de consumidores passivos e sem opção.

O creme dental é um exemplo. Nos anos 80, a oferta se resumia a uma marca e nem preciso mencionar, pois você que tem mais de 30 anos já sabe qual é. Idem para esponja de aço, iogurte e refrigerante.

O dinheiro estava nas mãos de poucos financiadores dessas demandas, que fechavam o ciclo de prosperidade mútua entre investidores e produtores, decidindo onde injetar capital.

Partimos rumo ao futuro e chegamos ao modelo aberto, financiado por comunidades que aprovam o conteúdo compartilhado e podemos encaixar a Wikipédia como ilustração dessa inovação disruptiva.

Deixando de lado um negócio ligado à informação e avaliando uma empresa que trabalha com produtos físicos, a rede de distribuição aumentou níveis incalculáveis. Desde que queira, estude o mercado, avalie os riscos e se torne competitivo, o empreendedor pode levar o seu produto a quase todos os lugares do mundo, a um preço baixo que os séculos XVIII e XIX jamais imaginariam ser possível. E, por fim, o avanço disruptivo alcançou também o consumidor, que passou a ser ativo, bem informado e disposto a adquirir produtos de qualquer região do país ou do mundo.

Dos programas favoritos ao vestuário, dos itens de consumo a um barco, a oferta jamais foi tão pluralizada. E, com todos esses eventos disruptivos, o efeito colateral fez o jogo mudar a forma de financiamento, sendo que dinheiro deixou de ser desculpa para quem sabe empreender.

Se um dia foi necessário convencer o gerente da instituição financeira ou o filantropo investidor da instituição de amparo ao empreendedor, os eventos disruptivos também firmaram um freio drástico nessa limitação, abrindo espaço, em qualquer segmento, para investidores nacionais e estrangeiros. Muitos deles, especialistas setoriais que jamais tiveram um CNPJ, mas conhecem as engrenagens do mercado e apostam nos melhores.

Essa é a essência do novo Brasil, do novo mundo, em que os maiores empreendedores do setor hoteleiro não têm um hotel físico em seu portfólio, mas respondem pelo maior número de reservas e hospedagens, por meio da inovação.

Aos observadores do espaço não ligados a empresas de pesquisas, tornou-se possível comprar equipamentos e ter um observatório pessoal dentro de casa, colocando fim ao monopólio de empresas que vendiam telescópios. Em vez de milhões, algumas poucas centenas de dólares possibilitam essa operação, sem depender do governo.

Temos informação, dinheiro e competências, recursos que nossos avós não tinham. Com isso, o desenvolvimento de *games*, música, produtos, serviços e ideias, em nenhuma época, esteve ao alcance dos idealizadores que saibam empreender e bater nas portas certas.

Fernando Godoy

Quando apresento para a minha audiência a *Internet* das coisas (IOT), os carros autônomos, a inteligência artificial, a realidade aumentada, virtual e mista (explicarei a diferença, em seguida), ainda encontro quem pense se tratar de tendência, a despeito de ser uma realidade.

Caso a gestão de sua empresa ainda veja a inovação exponencial disruptiva como tendência, sugiro que coloque este livro, com urgência, nas mãos de quem a dirige, pois, nenhum segmento escapará ileso à onda inovadora que ganha força pelo mundo inteiro.

A questão central não é se vai ou não impactar o seu negócio. Não importa qual seja o segmento; ela vai chegar. Alguns nichos já morreram, a exemplo da produção de listas telefônicas. Outros agonizam, como a produção e distribuição de revistas ou jornais periódicos. E outros ainda sofrerão o abalo, como o mercado de livros impressos. Esses três mercados juntos faturaram tão alto que não se pode mais medir. Mas, estão (ou estiveram) com os seus dias contados pelo futuro.

METODOLOGIA STARTUP VILLAGE

Para se ter uma ideia da abrangência que a cultura disruptiva tem gerado, quase 100% dos advogados norte-americanos têm dificuldade para conseguir emprego. Ficou bem mais rápido e barato usar o Watson, desenvolvido pela IBM, um robô inteligente o suficiente para criar o processo e produzir a defesa em tempo hábil, mais rápido do que prepararia um advogado recém-formado e, é claro, a um preço mais atraente.

Ou seja, o fabricante conseguiu gerar algoritmos para calcular as tendências e as decisões dos juízes para cada caso. Se um dia, países do terceiro mundo ficaram escandalizados porque se anunciava o fim da profissão "cobrador de ônibus", uma das nações mais prósperas do mundo viu a profissão do Direito substituída pela inteligência artificial. Em ambos os casos, a inovação exponencial disruptiva foi letal.

No Brasil, vários donos de grandes terrenos que um dia viram o negócio de estacionamento muito lucrativo, passaram a procurar outros fins para o imóvel, livrando-se da alta despesa tributária, que incide sobre o negócio e não raro, vendendo o espaço para se tornar prédio.

Os "novos" negócios, como a impressora 3D, nasceram caros e, rapidamente, o efeito disruptivo os alcançou, fazendo com que o molde, antes caríssimo, pudesse ser baixado gratuitamente.

A agência, a Flex, aquela que eu e meu sócio decidimos "matar", respondia por diversos produtos, como *site*, redes sociais e outros negócios, *on* e *off-line*. Quando percebemos que a disruptura dizimaria a empresa, abrimos uma nova porta: criatividade e tecnologia, dois temas que amo, como empreendedor. Passamos a operar com experiências digitais imersivas.

Como a tecnologia tem mudado a maneira de interagir e consumir, a Flex passou a oferecer experiências em realidade aumentada, sem que fosse preciso ter uma televisão, substituída por óculos especiais de altíssima resolução.

Assim, passamos a desenvolver experiências reais ao consumidor, de modo que ele pode sentir o produto ou o serviço virtual, como se estivesse ali, diante dele.

METODOLOGIA STARTUP VILLAGE

A realidade mista, uma junção da realidade aumentada com a realidade virtual, trouxe outra experiência impactante: permite enxergar o que está no ambiente físico (sem trombar em móveis, paredes e outros obstáculos), enquanto vive experiências virtuais como organizar a agenda, jogar ou trabalhar.

Foi assim que nos preparamos para encarar o preço cobrado pela inovação. É esse caminho que indico. Aliás, usarei até uma metáfora para resumir: todo navegador dos negócios deve direcionar o seu barco e se preparar, pois a inovação disruptiva é uma tempestade das mais severas. Ou, abrindo mão de inovar, terá que ver os seus negócios conduzidos por outro barqueiro, aquele que, segundo a mitologia, receberia algumas moedas de ouro para conduzir negócios dizimados até o outro lado. Tenho certeza de que você não quer isso!

Na Flex, matamos o negócio tal qual existia, despedimos quem não se adaptaria a essa nova realidade, contratamos outros profissionais e seguimos a vida. Foi um *case*. Temos clientes em diversos setores, que oferecem uma experiência inédita ao cliente. Assumi os riscos que todos nós, empreendedores, devemos estar dispostos a enfrentar. É isso ou o barqueiro...

Não fique, entretanto, com aquela sensação de nó na garganta e não sinta que em sua empresa, está vivendo a Era empresarial paleontológica, cercado de dinossauros. Vou deixar algumas soluções que ajudarão você a enfrentar os efeitos disruptivos e a carga exponencial que, cedo ou tarde, batem à porta:

1) Abra a mente para o novo, mas não finja que abriu, como várias pessoas fazem. Quão distante você está do romantismo de ser inovador?

METODOLOGIA STARTUP VILLAGE

Usar de maneira recreativa o *Facebook*, o *Instagram* e dominar recursos avançados do *WhatsApp* não torna ninguém aberto e flexível para a inovação (considere-se uma exceção para quem vai a fundo no uso desses aplicativos, pois nesse caso, pode-se considerar o cara conectado a uma pequena parte da inovação);

2) Se você usa as ferramentas da solução 1 profissionalmente, entenda o mecanismo, domine-as tanto quanto um especialista. Usar as redes sociais como fontes para investir em anúncio, sem saber o que está fazendo, é como jogar uma nota de cem reais do último andar de um prédio e esperar que o vento a traga de volta (ou contrate uma empresa especializada em anúncios de redes sociais e profissionalize esse investimento);

3) Enxergue as oportunidades e aplique-as ao seu negócio. Lembre-se do exemplo que dei, a respeito dos amigos nerds e "adote" a solução que você conhece, posto que "só conhecer", não adianta nada. Por exemplo: a pessoa diz que conhece, em detalhes, um *software* belga que

a ajudou, sem custo, a prolongar a vida útil da bateria do *laptop* que usa em casa. Nesse caso, deve levar a solução para a empresa;

4) Quebre paradigmas e pague o preço de trazer uma solução, uma inovação que possa ser julgada como ridícula, num primeiro momento. Em matéria de tecnologia, nada é ridículo e nenhuma ideia pode ser descartada;

5) Não queira ganhar dinheiro sozinho. É impossível entender de tudo. Aprenda tanto com o experiente quanto com o garoto que traz uma solução *startup* na manga, sem julgar qual é melhor ou pior. A garotada está com o pé embaixo no acelerador disruptivo. Contudo, idade e empreendedorismo não têm relação direta e os mais experientes também têm muito a entregar;

6) Questione-se e questione tudo. Nós, brasileiros, somos muito respeitadores e, por isso, não é uma característica comum ficar perguntando se isso ou aquilo poderia ser diferente ou melhor. No passado, havia até recomendação de se trabalhar em silêncio (efeito colateral da revolução industrial,

METODOLOGIA STARTUP VILLAGE

quando se imaginava que o silêncio era sinônimo de concentração e produtividade). O presente mostra que o compartilhamento é o remédio corporativo para sobreviver e prosperar diante da inovação. Já o futuro é reservado a quem tem coragem de questionar as coisas, das simples até aquelas intrincadas, que ninguém ousa criticar.

Para concluir, o tal "foco no produto" tão defendido nos palcos por formadores de opinião, mudou. Agora, o negócio é "foco no cliente". Enquanto alguns fabricantes de automóveis pedem para o cliente passar na concessionária, a fim de atualizar o *software* do computador de bordo, já tem fabricante (não farei merchandising) que faz o mesmo com o carro em movimento. Uma pergunta simples, que surge no navegador: deseja atualizar o *software* agora?

Aproveite, leitor(a), para refletir seriamente sobre tudo isso. Lembre-se de manter uma segura distância daqueles que, ignorando tudo o que apresentei, ainda estão vivendo nos tempos de CPD...

Enquanto preparava o livro que está em suas mãos, o programa *StartOut Miami*, administrado

Fernando Godoy

pela Apex-Brasil, em aliança com o Governo Federal, selecionou 15 das 150 *startups* que se inscreveram e os levou para a Flórida. A nossa Flex foi uma dessas 15 escolhidas. A maioria dessas *startups* está conectada à tecnologia, em segmentos como aeroespacial, aplicativos de caminhões, medicina e foram convidadas ao evento, para receber uma premiação e demonstrar a sua inovação, a sua contribuição para o futuro. Além do orgulho de representar o Brasil, é importante contar para você, como está a inovação por aquela região que é um dos berços tecnológicos do mundo.

Numa perspectiva mais macro, percebi que a Flórida deixou de ser um centro para turismo e compras, para se posicionar como um centro de engenharia espacial, referência em saúde e principal destino dos norte-americanos que se aposentam, dada a enorme quantidade de médicos especializados, além de uma opção econômica para o empreendedor que prefere não pagar o alto preço do Vale do Silício.

A nova Miami borbulha de *startups* e respira inovação, além de concentrar a segunda maior riqueza dos

METODOLOGIA STARTUP VILLAGE

EUA, depois de Nova Iorque. Com acesso à capital e economia forte, o ponto negativo é que a concorrência do mundo inteiro tem buscado ali o crescimento.

A pergunta frequente sobre a possibilidade de que o norte-americano trabalha mais do que o latino-americano se confirma. Eles são produtivos, pragmáticos e objetivos. A exemplificar, a *happy hour* deles é das 18h às 20h, e o foco é *networking*, em vez de encher a cara.

As 15 empresas convidadas tiveram a oportunidade de fazer um *pitch* de vendas para investidores que estavam ali, sentados a poucos metros de nós. Levei o *Flex Universe* para apresentar e observei outra procura dos grandes investidores, que vale para os seus empreendimentos: eles estão de olho em soluções que permitam escalabilidade. Isto é, procuram soluções que possam ser produzidas em larga escala, sem a necessidade de contratar equipes muito grandes e que possam ser distribuídas, a baixo custo, em parâmetros mundiais (o que explica o sucesso dos aplicativos de transporte, que pode partir de vinte para um milhão de usuários sem grande esforço).

O portfólio criativo que desenvolvemos no Brasil chamou a atenção dos investidores, aceleradores e fundos que estão em contato conosco. Estamos em conversação e vai evoluir. O mais importante que posso deixar dessa experiência para você, empreendedor (a), é o que "esses tubarões" estão buscando: produtos e serviços que não dependam de logística e implementação complexa.

A troca foi intensa, *punk*, puxada, envolvendo apresentações e visitações em espaços como o *Visa Innovation Center* e *WeWork*, onde recebi o convite para apresentar a nossa tecnologia brasileira de realidade aumentada.

A bateria de *networking*, de domingo a sexta-feira, tinha início às 8h e voltávamos para o hotel lá pelas 22h (bem diferente dos eventos que organizamos no Brasil, geralmente com oito horas de carga).

Para suportar a exaustiva carga horária e a pressão de ir bem nas apresentações, usei os recursos da metodologia que está diante de seus olhos, sobretudo a meditação. Acordava às 5h30min, para que houvesse tempo de meditar, responder aos *e-mails*, me alimentar bem (o mais próximo de zero açúcar possível) e partir rumo ao auditório.

Voltava para o hotel, cansado, mas com a certeza do dever cumprido. Mais do que representar a nossa *Flex*, representei o Brasil e como sou apaixonado por futebol, não pude evitar um pensamento: estava na Copa do Mundo das *startups*.

Para concluir, como os *pitchs* de vendas se tornaram um assunto recorrente no Brasil (inclusive, desprezado por muitos que consideram "modinha"), devo desmistificar esta percepção limitada.

Nos eventos organizados em nosso querido Brasil, é normal que as pessoas conversem com apenas uma pessoa durante todo o *coffee*. Na Flórida, como em outras partes dos EUA, o foco é ganhar tempo e conhecer muita gente.

Os norte-americanos utilizam o formato do *pitch* com o propósito da objetividade. Querem escutar o maior número possível de propostas, ao menor tempo estabelecido. Isso é produtividade e não modinha.

No evento *StartOut Miami*, algumas aceleradoras de *startups* exigiram a apresentação sob o formato *pitch elevator*, em um minuto, para resumir que dor o produto resolve, o diferencial, a viabilidade e o tamanho do mercado que o empreendedor imaginava. Tudo isso, dentro de um milimétrico intervalo de 60 segundos. A dica final é nesse caminho: tenha um *pitch* de 60 segundos na ponta da língua, pois você vai precisar. E sabe quais são os comportamentos mais relevantes para você conseguir êxito com os investidores e as aceleradoras?

Se você pensou sobre as características dos líderes disruptivos, parabéns!

Repare que a metodologia é interconectada, tal qual a inovação e seus atributos disruptivos. A minha última dica é que faça uso de cada pilar.

Um engenheiro mantém sua construção erguida por séculos, porque calcula corretamente, entre outros tantos detalhes, o número de pilares. A metodologia *Startup Village* está firmada por sete pilares que podem transformar a sua vida empreendedora. Porém, reflita: no exemplo do engenheiro, se apenas um pilar fosse retirado da sua construção secular, ela se manteria de pé?

METODOLOGIA STARTUP VILLAGE

Antes de nos despedirmos, permita-me relembrar alguns benefícios que você terá, ao adotar e praticar a metodologia *Startup Village*.

- Mente mais equilibrada;
- Corpo mais saudável;
- Maiores e chances de atingir os objetivos definidos para a sua vida, nos espaços de curto médio e longo prazo;
- A possibilidade de atingir resultados acima da média, uma vez que estará em contato diário com a combinação entre equilíbrio e alta *performance*.

Espero que a felicidade esteja cada vez mais presente em sua vida. Lembre-se de que muitas pessoas vivem infelizes a maior parte do tempo, com apenas alguns picos momentâneos de felicidade. Para mim, a metodologia inverteu essa ordem: sou feliz a maior parte do tempo e quando ocorre alguma chateação, é algo momentâneo. Sem dúvidas, felizes, somos mais produtivos e essa produtividade alimenta o ciclo todo.

Espero que, ao praticar diariamente os sete pilares, os seus objetivos se realizem. Aliás, esses objetivos podem e devem ser renovados. Afinal, a nossa vida também é um constante e inevitável objeto de desejo da teimosa inovação...

Ao longo de sua trajetória empreendedora, desejo a você muito sucesso. Se estiver difícil e quiser algum conselho, aí vai o meu *e-mail*: fgodoy@gaiahyper.com

Aproveite o *e-mail* e me ofereça um *feedback*.

O que achou do conteúdo?

Como este material ajudou você?

Que temas conectados à arte de inovar você gostaria de contemplar em meus próximos livros, artigos, palestras ou *podcasts*?

Assim que possível, vou responder ao seu *e-mail*. Sabe por que? Abrir um *e-mail* é como ouvir alguém e você, provavelmente, se lembra do que eu afirmei: como empreendedor, de tudo o que aprendi com a vida nesses tantos anos, a melhor lição foi aprender a ouvir o outro da mesma maneira que aprecio ser ouvido.

A gente se encontra pelos *pitchs* da vida, no Brasil ou no exterior, pois não existe fronteira para *startups* e empreendedores. Desejo muito sucesso em seus caminhos!

METODOLOGIA STARTUP VILLAGE

De tempos em tempos acesse o *app* de realidade aumentada para conferir novos conteúdos através do marcador EXTRAS na última página deste livro. E, como uma espécie de presente final, preparei uma lista importante de atividades para você incorporar ao dia a dia e ter, ao alcance das mãos, disponível no *smartphone* ou *tablet*:

Vou listar os *sites* e contatos dos nossos projetos, para que você conheça os serviços prestados pelo Grupo Gaia Hyper:

www.gaiahyper.com
www.flexinterativa.com.br
www.zenega.com.br

www.cervejaleuven.com.br
www.spiritoffootball.com.br
www.eunerd.com.br
www.startupvillage.com.br
www.inovocaolideranca.com.br

Acompanhe mais sobre empreendedorismo, liderança, inovação, *startups*, *cases* e muito mais no *blog* www.inovacaolideranca.com.br ou busque pelas palavras "inovação e liderança" nos principais *podcasts*.

Conteúdo extra em realidade aumentada: